깊은 곳의 빛

La luce in fondo by Luigi Maria Epicoco
Copyright © 2020 Mondadori Libri S.p.A. / Rizzoli, Milan
All rights reserved.

깊은 곳의 빛

2021년 7월 21일 교회 인가
2021년 9월 29일 초판 1쇄 펴냄

지은이 · 루이지 마리아 에피코코
옮긴이 · 김희정
펴낸이 · 염수정
펴낸곳 · 가톨릭출판사
편집 겸 인쇄인 · 김대영
디자인 · 정진아

본사 · 서울특별시 중구 중림로 27
등록 · 1958. 1. 16. 제2-314호
전자우편 · edit@catholicbook.kr
전화 · 1544-1886(대표 번호)
지로번호 · 3000997

ISBN 978-89-321-1795-9 03230

값 14,000원

성경 ⓒ 한국천주교중앙협의회, 2021.

가톨릭의 모든 도서와 성물을 '가톨릭출판사 인터넷쇼핑몰'에서 만나 보실 수 있습니다.
http://www.catholicbook.kr | (02)6365-1888(구입 문의)

이 책의 한국어판 저작권은 (재)천주교서울대교구 가톨릭출판사에 있습니다.
저작권법에 의해 보호를 받는 저작물이므로 무단 전제와 복제를 금합니다.

깊은 곳의 빛

어둠을 넘어서는 희망의 빛

루이지 마리아 에피코코 지음
김희정 옮김

가톨릭출판사

✕

어둠을 밝히는 빛이신

프란치스코 교황님께

프롤로그

경청은 말을 담아 주는 자선이다.

나는 행운을 누리며 살아왔다. 대부분 그게 무슨 행운이냐고 할지 모르지만, 나는 오랫동안 다른 사람의 인생과 이야기, 그들의 운명에 초대받는 행운을 누려 왔다. 이러한 행운은 어릴 때부터 내 곁에 있었다. 그래서 집 안에서 벌어지는 갖가지 상황, 모순적이거나 기쁘거나 슬픈 현장을 관찰할 수 있었다. 이제까지 나는 다른 사람들의 인생을 숱하게 살펴볼 수 있었고, 그때마다 두 눈을 통해 그러한 인생들을 마음에 새겼다. 이는 어찌 보면 운명의 장난인 것만 같다. 나는 눈이 매우 나쁘기 때문이다. 그래서 어려서부터 항상 안경을 쓰고 살았다. 하지만 나는 바라보는 일을 가장 좋아했다. 자신에게 가장 부족한 부분, 바로 그 부분으로 전문가가 되었다니. 이는 인생의 기이한 이치다.

나는 이렇게 다른 사람의 인생을 관찰하며, 인간의 가장 기본적인 욕구가 빵이 아니라 경청이라는 사실을 깨달았다. 누구든 자신의 이야기를 귀담아 들어 주길 간절히 바라는 것이다.

경청은 말을 담아 주는 자선이다. 내 말을 들어 주는 사람은 내가 살아 있다고 느끼게 해 준다. 내 말을 들어 주지 않는 사람은 나를 죽은 사람으로 만든다.

현재 우리 사회에는 자신의 말을 들어 주길 바라는

사람이 많다. 그들은 자신의 말을 들어 주는 데 기꺼이 돈을 치를 마음이 있다. 어떤 사람들은 이야기를 나누고자 스스로 문제가 있다고 생각하기도 할 정도다.

사실 이야기가 마음속에 있을 때는 소리와 소음이 혼란하게 뒤범벅된 것에 불과하다. 그것이 말이 되어야만 비로소 내부의 혼란이 정리되고 의미 있는 이야기가 될 수 있다.

그런데 아무도 이를 들어 주지 않으면 이야기를 할 수 없다. 스스로에게 짧게 독백할 수는 있겠지만 길게 이야기할 수는 없는 것이다. 게다가 듣는 사람이 들어 주기만 하는 것으로는 충분하지 않다. 판단하지 않고 들어 주는 것, 무엇보다도 얽매이지 않고 들어 주는 것이 중요하다. 다른 사람의 이야기를 분류하고 평가하고 정리할 시간은 나중에 얼마든지 있다. 그러니 경청할 때에는 있는 그대로 인정해 주어야 한다.

누군가 실수로 고해 신부가 없는데도 고해소 앞에 앉았다. 그러면 그 뒤로 긴 줄이 생기게 된다. 이는 죄에서 벗어나고 싶어서 그런 것만은 아니다. 죄의 융단 아래에 가려진 이야기를 깨닫고 싶어서 그런 것이다. 그리고 죄를 융단으로 덮어 버리는 것도 죄다.

경청은 죄의 융단에서 먼지를 털어 내는 것이 아니다. 그것은 융단을 아예 걷어 버리는 시도다. 이는 복음서에서 말하는 자비가 실현되는 것이다. 예수님은 죄를 외면하고 감추려 드는 세태에 안타까워하신다. 그분은 죄책감을 덜어 주는 용서로 사람들을 쥐락펴락하지 않는다. 예수님은 모순되고 병들고 잘못을 저지르는, 있는 그대로의 사람들에게 손을 뻗으시고, 그들의 손길에 몸을 내어 주신다. 그렇게 우리 삶을 구원하신다. 우리가 빠져들어 있는 것보다 더 좋은 것을 만나게 해 주신다.

우리는 마치 흐트러진 종이 더미를 안고 도망치는 사람과 같다. 종잇장을 잃어버릴까 봐 노심초사하며 움켜잡고 있는 것이다. 일부는 버려 버리고 싶지만, 그중에 어떤 것을 버릴지 모르기 때문에 선택하지도 걸러내지도 못한 채 전부 움켜잡고 있다. 이처럼 뭐가 뭔지 하나도 모르면서 모든 것을 붙잡고만 있다.

그러나 경청은 놓아주는 것이다. 관계의 탁자에다 종이 더미를 내려 두는 것이다. 이야기 속에 빠져드는 단순한 행동으로 이렇게 할 수 있다. 말하고 듣는 그 충실한 행위를 통해 모든 것이 서서히 다시 정돈되는 현상이 일어난다. 그리하여 흐트러진 종이 더미는 이야기가 되고, 이제 부담이 아닌 숨겨진 기쁨으로 다가온다.

나는 이 책이 경청을 위한 좋은 안내서가 되기를 바란다. 즉 고통스럽지 않게 이야기를 다시 읽는 방법이 되기를 바란다는 의미다. 또한 이 책이 거울 역할을 하길 바란다. 뒤엉킨 실타래를 풀 수 있도록 내면을 들여다볼 기회가 되기를 바라는 것이다. 물론 이 기회를 잡는다고 모든 것을 다 이해할 수 있는 건 아니겠지만 말이다. 그래도 곳곳에 논리로 설명되지 않는 중요한 의미가 숨겨져 있다는 점을 직관할 수 있다. 사실 이해의 목적은 통제다. 바로 여기에 고통의 궁극적인 원인이 있다. 바다는 통제할 수 없지만, 건널 수는 있다. 폭풍우는 이겨 낼 수 없지만, 원하는 방향으로 가는 데 이용할 수는 있다.

인류는 코로나바이러스의 대유행으로 힘든 시간, 나쁜 시기를 보내고 있다. '나쁜', '사악한'이라는 이탈리아어 '캅티보cattivo'라는 단어는 '캅티부스captívus'라는 말에서 나왔다. 이 말은 '노예', '죄수'를 뜻한다. 즉, 현실의 사건이 충격적으로 덮쳐 오면 노예, 죄수가 되고 만다는 의미다. 살다 보면 이러한 일을 여러 차례 겪게 된다. 매번 잘 대처하려 하지만 막상 닥치면 어쩔 줄 몰라서 허둥댄다. 그렇지만 예상치 못한 이 같은 순간들이 살면서 거쳐야 하는 근본적인 과정임을 받아들여야 한다. '파스카'가 '지나감'을 뜻한다는 것은 결코 우연이 아니다. 또한 파스카는 항상 의무적으로 지나야 하는 여정이다. 아우구스티노 성인은 "성금요일이 없으면 파스카도 없다."라고 말했다. 위기의 여정이 우리를 변화로 이끄는 길이라고 알려 주는 말이다.

이 책의 가 장 첫머리에는 최근에 내가 받은 편지와 나눔 글 일부가 실렸다. 이러한 이야기를 실은 이유는 사람들의 구체적인 경험에서 우러난 현실적인 이야기를 나누고 싶었기 때문이다. 이 이야기들은 아름답고 감동적이기도 하지만 진실하고 명료하기도 하다. 이러한 이야기들은 우리를 깊은 묵상의 길로 이끌어 준다. 인생의 결정적인 과정을 담은 이 짧은 묵상의 여정이 삶에 대한 믿음과 신뢰로 다가가는 길이 되기를 바란다. 그리고 눈을 들어, 어둠 속에 반짝이는 저 깊은 곳의 빛을 알아보는 기회가 되길 바란다.

> 바다는 통제할 수 없지만,
> 건널 수는 있다.
> 폭풍우는 이겨 낼 수 없지만,
> 원하는 방향으로 가는 데 이용할 수는 있다.

| 차 |
| 례 |

프롤로그 · 7

관계 · 19
저는 소중한 사람이 그립습니다.

고독 · 41
사랑하는 사람이 저를 떠난다는 두려움,
지옥이나 다름없습니다.

침묵 · 67
침묵이 그 자체로 아름다우리라고는
지금까지 상상하지 못했습니다.

육체 · 95

살면서 제 육체를 지금만큼 생생하게
인지한 적은 없었습니다.

죽음 · 121

죽음이 남긴 상처를
어떻게 회복할 수 있을까요?

에필로그 · 139

역자 후기 · 143

기도문 – 평화의 기도 · 148

관계

저는 소중한 사람이 그립습니다.

존경하는 신부님, 조언을 구하고자 이 편지를 씁니다. 최근 몇 달 동안 저는 지난 시절만 그리워하고 있습니다. 제가 이상한 것인지, 제게 큰 변화가 온 것인지 혼란스럽습니다. 먼저, 이해를 돕기 위해 과거 이야기를 들려 드리겠습니다. 저는 고등학교를 졸업하자마자 집을 나왔습니다. 꿈을 이루기에 현실이 너무 답답하고 숨 막혔습니다. 그래서 거기서 벗어나고 싶었습니다. 저는 일자리를 찾아 밀라노로 왔습니다.

부모님은 대학 공부를 지원해 줄 형편이 못 되었습니다. 그래서 저는 부모님에게 화가 나 있었습니다. 다른 친구들은 무엇을 전공할지 고민했지만 저는 경제적인 이유 때문에 선택의 여지가 없었습니다. 생계를 위해 직업을 구했고, 여러 해 동안 공부할 기회만 꿈꿨습니다. 그러다 기회가 왔습니다.

저는 갖은 고생 끝에 대학을 졸업할 수 있었습니다. 졸업식에 가족은 부르지 않았습니다. 중학교밖에 안 나온 촌사람들이 제가 얼마나 고생했는지, 이게 얼마나 꿈같은 일인지 이해할 수 있을 리 없다고 생각했기 때문입니다. 나중에 엄마에게만 졸업식을 잘 마쳤다는 소식을 알렸고, 그때 엄마의 울음소리를 들었습니다. 그 순간 한 번도 느낀 적 없는 죄책감이 들었습니다. 그러나 대수롭지 않게 넘겼습니다. 저는 혼자 힘으로 해냈습니다. 그 누구도 의지할 수 없었고 그럴 마음도 없었습니다. 나 자신만 믿고 최선을 다했기에 직장에서도 인정을 받았습니다.

    그렇게 몇 년이 흘렀습니다. 그런데 코로나 때문에 봉쇄 조치가 내려진 지금, 왜 이제 와서 가족에 대한 그리움이 솟구치는지 모르겠습니다. 그간 가족에게 하지 않았던 이야기를 한없이 주절대는 꿈을 꿉니다. 아버지를 껴안는 꿈을 꿉니다. 밤에는 잠에서 깨어 어떻게 이처럼 중요한 관계를 등지고 살 수 있었는지 자문해 봅니다. 저는 여태 어떤 상황에서도 가족에게 진정한 친밀감을 느껴 본 적이 없었습니다. 그런데 이제는 완전히 다르게 느껴집니다. 마음대로 집 밖을 나가거나 소중한 사람을 만나지 못하는 지금, 그동안 저는 자신에게 엄청난 거짓말을 하며 살아왔다는 사실을 깨닫습니다.

    관계가 없는 우리는 누구일까요? 어쩌면 성공을 좇는 불행한 사람들일 뿐입니다. 이제 저는 제 진심을 똑바로 바라봅니다. 제가 진정으로 누구인지 알고 싶습니다. 그런데 그

답을 구할 수 있게 도와줄 사람들을 거부하고 관계를 끊어 버렸습니다. 지금 그들은 수백 킬로미터 떨어진 곳에서 위험에 처해 있습니다. 이대로 제가 죽는다면 성공이 아니라 가족과 함께 있고 싶습니다.

●
우리는 앞으로 어떻게 될까?
코로나바이러스가 지나가면
어떤 일이 벌어질까?

※

　코로나바이러스의 대유행으로 우리는 모두 피해자가 되었으며, 인류 역사의 한 페이지를 장식하는 주인공이 되었다. 이번 일은 개개인의 역사에서도 중요한 사건으로 기록될 것이다. 우리는 일상생활을 멈추고 각자의 집에 틀어박혔고, 타인과 거리를 두도록 강요받는 충격적인 폭력을 경험했다. 감염의 두려움, 보이지 않는 적처럼 도사리는 죽음의 공포가 우리 삶에 속속들이 파고들었다.

고립되어 불편함을 느끼고, 한곳에 머물러야 하는 제약을 받는 정도의 부자유를 견뎌야 하는 사람들은 그나마 운이 좋았다. 무엇을 할지 어디를 갈지 선택할 수 없고, 자신의 시간, 일, 우선순위를 정할 수 없는 정도도 운이 좋은 편이다. 많은 사람들이 이 질병 때문에 불편함과 부자유스러움뿐만 아니라 사랑하는 사람들과 떨어져야만 하는 비인간적인 부당함을 겪었다. 이 질병이 비인간적인 이유는 인간의 육체를 공격해서 죽음에 이르게 하는 폭력성 때문이 아니라 사랑하는 사람 옆에서 고통과 괴로움을 나눌 수 없도록 하고 생의 마지막 순간에도 함께할 수 없도록 하기 때문이다.

코로나바이러스 이후에도 깊은 애도의 시간은 계속될 것이다. 그리고 우리는 이러한 사건이 벌어진 것이 정당하다는 생각을 결코 할 수 없을 것이다. 그럼에도 무단으로 벌어진 이 사건은 이미 우리에게 일어나고 있다. 그리고 이 사건으로 인해 우리 삶은 큰 변화를 맞고 있다.

이러한 상황에서 의문을 갖게 된다. 앞으로 우리는 어떻게 될까? 이것이 끝나면 어떤 일이 벌어질까? 이러한 생각은 인생의 크고 작은 사건들, 특히 돌이킬 수 없는 지점으로 이끄는 사건을 겪으면 항상 떠올리게 된다.

살다 보면 누구나 이전과 이후가 분명하게 구분되는 순간을 경험한다. 흔히 '잊을 수 없는 순간'이라고 표현하는데, 기쁨이나 고통이 너무나 강렬해서 그 기억을 지우기란 불가능하기 때문이다. 잊을 수 없는 순간은 항상 한 시기의 끝이자 다른 시기의 시작이다. 끝과 시작은 언제나 뒤섞인다. 새로운 시작에 앞서 다른 것의 끝을 받아들여야 하고, 끝나는 모든 것에는 어김없이 새로운 시작의 가능성이 있어야 한다.

이러한 의미에서 코로나바이러스가 초래한 새로운 국면은 문명이 우리에게 속삭이던 거대한 거짓말에서 깨어나게 했다. 기술에 기반을 둔 현대 문명은 모든 것과 모든 힘을 통솔할 수 있다고 착각하도록 했다. 엄밀히 말해 이러한 태도는 '스스로 전능하다는 망상'에 빠진 것이다. 이러한 망상으로 우리는 자신과 타인, 그리고 세상과 그릇된 관계를 설정하게 되었다. 그러나 이제 우리에게 한계가 있다는 현실, 할 수 없는 일이라는 현실과 맞닥뜨렸다. 이렇게 자신의 나약함을 확인하게 되었다. 그러면서 우리는 분명히 더 성장했다. 그렇지만 계획이 송두리째 무산되는 갑작스러운 사건은 언제든 다시 일어날 수 있다.

지금부터 우리는 고통이 불행과 좌절, 체념으로 치닫지 않도록 끊임없이 노력해야 한다. 인생에서 고통을 도려낼 수는 없다. 그러나 그 안에서 인간적인 고통과 비인간적인 고통을 구별할 수는 있다.

의학은 생명을 구한다. 그것은 생물학적인 치료를 할 뿐만 아니라 인간의 본질까지도 치유할 가능성이 있다. 오직 인간만이 의학의 잠재력에 그러한 가능성을 보탤 수 있다. 그러하기에 과학자나 의료진들은 전문적인 능력과 창의력을 발휘하면서도 인류애를 실현하려고 한다. 단순히 육체만 돌보고 치료하는 것이 아니라 기술과 과학으로 채울 수 없는 그 이상의 무엇까지도 이루려 한다. 이것이 그들이 고통과 질병과 위험에 맞서려 하는 이유다.

이처럼 우리가 인류애를 실천할 때 그 이상의 무엇을 이룰 수 있다는 점을 잊어서는 안 된다. 이는 인간 삶의 바탕이 되는 것이다. 따라서 지금 우리가 하는 고찰이 기술과 과학의 영역 너머에 있는 위대한 역량을 키우는 데에 도움이 되면 좋겠다. 다들 이러한 역량을 키워 '인류애의 적극적인 실천가'가 되기를 바란다. 이는 우리에게 가장 절실한 것이다.

사실 코로나바이러스는 현실을 악화시켰다기보다는 실상을 드러냈다고 할 수 있다. 인간관계보다는 상업적 관계로 구성된 세계화의 한계를 드러냈다. 그리고 인간의 기본적인 욕구, 즉 인간관계를 충족하거나 지원하지 못하는 이익과 소득은 최선의 거래가 아니었음을 깨닫게 했다.

최근 우리는 이번 역경의 교훈을 한마디로 요약한 문장을 여러 곳에서 듣고 있다.

"혼자서는 아무도 자신을 구할 수 없다."

'성공'을 외치는 세상에서, 개인의 자아실현을 중시하는 문화에서, 연대가 아닌 경쟁에 기반을 둔 사회에서, 혼자서는 자신을 구할 수 없다는 교훈을 깨닫는 것은 변화를 앞둔다는 의미다. 그리고 그 변화를 온전히

받아들여야 이번 비극을 극복할 수 있을 것이다.

역사에는 인간관계를 허용하지 않고 자아실현에만 집중하는 세상이 얼마나 암울한지 보여 주는 일화가 있다. 13세기 역사가 살림베네 디 아담은 초기 인류의 언어를 알아보기 위해 시행한 프리드리히 2세의 유명한 실험을 기록했다.

프리드리히 2세는 신생아들을 격리하고 완전한 침묵 속에서 자라게 했다. 그리고 최소한으로만 위생을 관리하고, 영양을 공급했다. 살림베네는 이렇게 자란 아이들이 말을 하지도 못했고, 신비스러운 현상을 드러내지도 못했다고 전한다. 그리고 언어와 손길이 부재하자 그들 모두는 목숨을 잃게 되었다고 알린다.

여러 역사가는 이 일화가 신성 로마 제국의 황제 프리드리히 2세를 반대한 구엘피당(교황파)의 과장된 선전이라며 비난했다. 그러나 정신 분석 학자인 르네 스피츠는 보육원 아이들을 지켜보면서 이 연구 결과를 검증해 주었다. 그가 살펴본 90명의 아이는 정기적으로 음식을 먹을 수는 있었지만 사람과 접촉은 거의 없었다. 스피츠는 위생을 관리하고 영양을 공급해 주는 것 외에 보모의 따뜻한 손길과 상호 작용이 있을 때 아이들의 생존 가능성이 올라간다는 사실을 확인했다. 신체 접촉이 없는 아이들은 3개월 뒤에 무관심하고 무표정한 상태가 되었으며 성장이 지연되고 눈의 협응력이 저하되는 현상을 보였다. 그들은 요람 안에 움푹 들어가 동면하듯 꼼짝하지 않고 지냈다.

2년 뒤, 이 보육원의 아이들 가운데 40퍼센트가 세상을 떠났다. 음식은 제때 공급되었지만, 아이들은 영양실조의 전형적 증상인 단백질 결핍증을 앓았다. 대인 접촉이 거의 없는, 시설의 구석진 자리에 있던 아이들이 가장 먼저 세상을 떠났다. 게다가 간신히 생존한 아이들도 걷고 말하는 게 부자연스러운 데다 스스로 앉는 것도 힘겨워했다.

이러한 비극적인 일을 관찰한 결과 인간이 생존하는 데에 정서적 관계가 생물학적 욕구만큼이나 중요하다는 사실을 알 수 있다. 그리고 언어와 신체 접촉은 관계가 이루어지는 데 가장 중요하고 기본적인 요소다.

오늘날은 교류는 더 빈번하게 일어나고 있지만 진정한 관계는 감소하고 있다. 이러한 까닭에 인간의 삶은 위기를 맞고 있다. 이 위기는 질병이나 외부에서 벌어지는 사건 때문에 발생하는 것이 아니다. 병적인 측면이 세상에 깃들어 완고하게 머무르기 때문에 발생한다.

코로나바이러스로 인해 강제적으로 격리되고 고립되는 상황은 이러한 우리 현실의 실상을 극명하게 보여준다. 이러한 상황에서 인간관계를 그리워하는 것은 단순히 감정의 문제가 아니다. 이는 현대 사회가 풍족한 영양분을 인간에게 제공하지만 본질적인 욕구는 억압한다는 사실을 표명한다.

우리 모두는 관계가 필요하다. 그런데 부분적으로 맺는 관계는 바람직하지 않다. 즉 나, 우리 사이의 관계만 있어서는 안 된다. 나와 다른 너, 타인과 맺는 관계도 있어야 한다. 또 세상과 맺는 관계도 중요하다. 그리고 이 모든 관계가 마음을 울리는 진실한 관계여야 한다. 여기서 우리는 영성이 부재하는 현실에 대해 깊이 생각해 볼 수 있다.

영성의 전적인 부재는 사람의 마음에서 그리움을 없애지는 못했다. 그러나 어쩌면 더 위험한 곳, 즉 단순한 감정의 영역으로 마음을 몰아갔다. 이따금 우리는 마음의 문제를 적당한 감정으로 해결하려 한다. 그래서 사랑과 걱정을 혼동하기도 한다. 그리고 살아 있다는 느낌을 끊임없이 주는 감정이라는 약물을 갈망한다. 그

것 없이는 인생의 중요한 선택을 쓸모없다고 여길 정도다. 그 대상이 무엇이든지 의존과 중독은 빠져나오기 힘든 함정이다. 살아 있다고 느끼고 싶기에 우리는 진정한 삶이 아닌, 그저 삶의 느낌만 줄 수 있는 대화에 의존하기도 한다.

그러나 이 모든 것에서 우리는 내면의 가능성을 찾을 수 있다. 특정 종교를 믿는 사람이 아니라도, 심지어 신앙 고백을 하지 않은 사람이라 해도 이러한 내면의 가능성을 지니고 있다. 다시 말해 우리 내면에는 우리가 몰두하는 어떤 것보다 더 크고 끝없이 열려 있는 출구가 존재한다. 이러한 믿음을 받아들이면 우리는 삶의 의미를 더욱 풍성하게 할 가능성의 문이 열린다.

지금 이 위기의 시기, 부자유 속에서 우리는 무엇을 경험하는 것일까? 인류애를 다시 생각하는 터널의 어둠 속에는 어떤 이야깃거리가 있는 것일까? 여기에는 고독의 지옥을 맛보고 침묵의 문에 부딪쳐 좌절한 경험이 있을 것이다. 그리고 기쁨만이 아니라 질병과 고통, 죽음까지 표출되는 장소인 육체에 대한 이야기도 있을 것이다.

여기에서 긍정의 언어를 찾을 수 있을까? 구원하는 고독, 희망적인 침묵, 자유로운 육체를 발견할 수 있을까? 그리고 승리하는 죽음을 기대할 수 있을까? 어둠 속에서 빛으로 인도하는 길을 찾기 위해 우리 함께 그 이야기를 낱낱이 살펴보자.

고독

사랑하는 사람이 저를 떠난다는 두려움,
지옥이나 다름없습니다.

　신부님, 신부님은 제게 외로움을 느끼는지 물어보셨습니다. 코로나 때문에 우리는 강세로 봉쇄를 당했지요. 저는 외로움에 대해 오랫동안 생각했습니다.
　제게 고독은 두 가지 느낌으로 다가옵니다. 하나는 이해받지 못한다는 느낌이었고, 다른 하나는 버림받는다는 두려움이었지요. 따라서 제가 외로움을 느낀 것은 단순히 제 옆에 있는 사람이 육체적으로 부재하기 때문이 아니었습니다. 고독은 제 삶을 이해받지 못하고, 공유할 수 없으며, 설명할 수 없다는 느낌과 제가 가장 아끼는 누군가가 언제든 저를 떠날 거라는 두려움입니다. 제게 이것은 지옥이나 다름없습니다. 가장 사무치는 고독이죠. 신부님은 이 고독에서 벗어나는 방법을 아실까요?

●

우리가 선택하지 않은 것도
기꺼이 받아들이는 지혜를
가져야 한다.

✕

　외로움은 인간의 마음속에 자리한 가장 깊은 두려움이다. 그 이유는 매우 간단하다. 우리는 기본적으로 관계를 맺으며 살아가는 존재이기 때문이다. 우리는 관계 안에서만 인생이 의미 있다고 느낀다. 그 관계가 끊어지면 무의미함으로 치닫는다. 따라서 고독의 현실에는 항상 의혹 짙은 시선이 동반되고, 고독이 사람의 마음에 일으키는 부정적 영향을 떨치기가 힘들다.
　그리고 외부 환경 때문에 외로움의 골이 더 깊어질

때, 문제는 훨씬 더 심각해진다.

복음서는 나병과 같은 끔찍한 질병과 연결하여 고독에 대해 말한다. 고대 이스라엘에서 나병에 걸린 사람은 강제적으로 격리되었다. 실제로 다른 사람들과 떨어져 외진 곳에서 살아야 했고, 그가 지나는 길은 대중이 피해 갈 수 있게 항상 알려졌다. 그 질병은 저주로 여겨지기도 했는데, 질병과 환자가 구별되지 않고 하나로 취급되었다. 복음서의 일화에서 언급되는 나병은 단순히 육체와 관련된 불행이 아니라 모든 인간에게 내재된 근본적인 두려움의 표현이다. 어떤 불상사가 일어나 혼자 있게 되는 두려움이다. 그것은 때로는 고통이고 때로는 오해이며, 또 때로는 우리에게 고독의 형벌을 내리는 인생의 상황이기도 하다.

그런데 곰곰이 생각해 보면 우리가 현실에서 실감하는 지옥의 이미지는 상상 속의 불이나 유황이 끓는 무시무시한 풍경보다는 고독일 것이다. 따라서 현명한 자세는 이 고독의 현실에 눈을 뜨는 것이며, 고독을 경험하는 일에도 좋은 것이 숨겨져 있음을 깨닫는 것이다.

고독에는 긍정적인 고독과 부정적인 고독이 있다. 우리가 관계의 회로를 충격적이고 난폭한 방식으로 끊어야 할 때 우리는 부정적인 고독을 겪는다. 자신이나 다른 사람, 주변 상황 때문에 단절이 발생하면 삶에 적의를 느끼게 된다. 이러한 경험을 하게 되면 의미의 상실이라는 증상을 겪게 된다. 즉 공허함의 고통으로 빠져들게 된다. 이는 어쩌면 죽음의 고뇌와 가장 가까운 경험일 것이다. 죽음이 두려운 이유는 무엇보다도 우리의 존재가 깊이 관여된 관계의 회로에서 분리되고 제외되고 버려져서 혼자 남겨지기 때문이다.

현대 사회는 구조적으로 인간의 외로움을 부추긴다. 그 이유는 두 가지다. 먼저, 혼자 있는 사람은 스스로 불행하다고 느낀다. 그렇기에 소비를 하며 그 괴로움을 다스리려고 한다.

경제는 사람들의 불행을 적절히 이용한다. 우울한 기분을 돈을 쓰면서 달래는 쪽으로 유도하는 것이다. 이때 욕구불만은 경제 순환의 시작점이 된다. 누군가는 이러한 메커니즘을 '생산, 소비, 균열'이라고 요약했다. 그러나 이는 궁극적으로 생명을 찾는 것이 아니라 우리를 살게 하는 일시적인 안도감, 순간적인 호흡으로 견디는 것이다.

만약 우리 사회와 문화가 행복을 가져다준다면 이러한 경제 체제는 처음부터 다시 생각해야 할 것이다. 그러나 사람이 중심에 있지 않은 오늘날, 그러한 일대 전환을 기대하는 것은 쉽지 않은 일이다.

현대 사회가 고독을 권하는 두 번째 이유는 '하다'라는 말을 추구하며 사는 불균형에 숨겨져 있다. 효율적이고 생산적이기를 바라는 우리 사회는 '존재하다'라는 말을 잊었다.

행위에 몰두하는 삶은 존재성을 망각하게 하고 중요한 질문에서 멀어지게 한다. '우리는 누구인가?' '삶의 의미는 무엇인가?' '우리는 어디로 가는가?' '무엇을 위해 살아야 하는가?' 이러한 질문들은 삶의 신비에 직면한 인간의 근본적인 고독을 드러낸다. 그리고 그 대답은 우리 스스로 찾아야 한다.

모든 사람은 존재의 신비 앞에서 철저하게 혼자다. 이는 부정적인 고독이 아니라 우리 각자가 삶의 신비 앞에서 유일하기 때문이다. 삶이 던지는 질문에 대신 대답해 줄 사람은 아무도 없다. 이 고독이 우리가 세상의 고유한 존재라는 좋은 소식의 징후일지라도 내면에 부정적인 외로움이 자리하면 불안감에 휩싸인다. 역사를 보면 이러한 불안 앞에서 대중은 더 강한 힘이나 이데올로기에 의지하곤 했다. 인생의 답을 알려 주겠다고 소리치는 누군가에게 우리의 본질적인 자유를 내어 주고 싶은 강한 욕구가 생기는 것이다. 그러하기에 명시적이거나 암묵적으로 전체주의 현상이 계속해서 나타난다.

우리는 누구나 자유롭기를 바라면서도 자유의 현기증을 감당하지 못한 채 다른 사람에게 대답을 위임하려고 한다. 그런데 존재의 신비 앞에서 각자의 유일성을 회복하기 위한 좋은 방법이 있다. 그것은 더 원초적인 물음으로 향하는 것이다. 다시 말해 '우리는 누구인가?'가 아니라 '우리는 누구의 것인가?' 하는 질문에 답하는 것이다. 우리는 소속감을 통해 건강한 방식으로 삶의 신비에 들 수 있다. 사실 우리 사회는 아버지의 부재와 함께 존재성에 의문을 제기하게 되었다.

아버지의 부재는 주인이 사라질 때 나타나는 게 아

니라 삶을 직시하기 위해 필요한 소속감이 퇴색될 때 나타난다. 모든 사람, 모든 생명체는 자기 역사에 대한 책임을 지기 위해서라도 소속이 필요하다. 어디에도, 누구에게도 속하지 않는 것은 방향키도 노도 돛도 없이 넓은 바다에 버려진 배와 같다. 현실이 만들어 내는 파도에 이리저리 흔들리는 신세다. 그러한 처지에서는 모든 것이 적으로 변할 수밖에 없다. 바다의 아름다움은 보이지 않고, 위험과 위협, 죽음의 낌새만 알아차릴 수 있다.

우리는 그와 같은 시선으로 자주 인생을 바라본다. 아름다운 것과 마음을 울리는 작은 것을 깨닫지 못하고, 끊임없이 방어하면서 막아야 하는 적을 통해서 우리의 존재를 느낀다. 이는 고독의 지옥으로 향하는 또 다른 길이다.

정리하자면 현대 사회에서는 경제 체제를 유지하기

위해 고독을 만든다고 할 수 있다. 인간의 불행을 바탕으로 생산성과 이윤을 높이는 과정이 무의식적으로 진행된다. 그와 함께 현대 사회는 소속의 위기를 부추기면서 현대인이 자신의 삶을 주도하지 못하고 사회적 현실에 휘둘리게 한다.

지금까지 고독이 부정적으로 인식되는 이유를 설명했다. 그러나 고독의 체험은 이중성을 지니므로 온전히 부정적인 측면만 보는 것은 잘못된 관점이다.

그렇다면 긍정적인 고독의 경험은 어떻게 나타날까? 먼저 선택하는 마음가짐으로 표현된다. 우리는 살면서 여러 가지 상황을 겪는다. 이러한 상황이 발생하는 것이 우리 의지와 전혀 상관없다는 것을 알아도, 의지나 바람과 다른 방향으로 일이 발생하면 그것을 용납하지 못한다.

그러나 우리가 판단하여 결정하지 않은 상황이라고

해도 자유를 발견하고 누려야 한다. 우리가 선택하지 않은 것도 기꺼이 받아들이는 지혜를 가져야 한다는 것이다.

그러한 태도는 우리를 근본적으로 변화시킨다. 피해자에서 주인공으로 말이다. 마음의 자세를 바꾸어서 끊임없이 울고 싶고, 틀어박히고 싶고, 옳지 않은 생각으로 시간을 보내고 싶고, 어두운 기운을 표출하고 싶고, 남에게 화풀이하고 싶은 유혹을 이겨 내는 것이다. 우리에게 허락을 구하지 않고 벌어진 상황에서도 책임감을 느끼고 능동적으로 대처하는 자세는 피해자에서 벗어나 삶의 주도권을 쥐는 이가 되도록 해 준다.

따라서 우리는 바람직한 방향으로 삶을 이끌기 위해 고독의 시간과 상황을 선택하는 용기를 지녀야 한다. 고독을 강요하는 현실에서도 자유를 행사해야 한다. 그러고는 그 현실을 피해자가 되는 부당함을 딛고 주인공이 되는 기회로 만들어야 한다.

긍정적인 고독은 이별이나 관계의 단절로 표현되지 않고 적절한 거리로 표현된다. 고독은 우리가 속한 관계나 상황에서 융합되지 않고 벗어나도록 도와준다. 우리는 이리저리 얽히고 뒤틀린 관계의 미로 속에서 자신이 진정 누구인지 잊고 산다. 자신의 참모습을 잊고 살면 삶은 환경에 지배된다.

예를 들어 아픈 사람은 질병에 걸린 게 아니라 질병 자체가 된다. 사랑을 하는 사람은 사랑의 경험을 간직하지 못하고 경험 자체가 된다. 세상이 순탄하게 돌아갈 때는 이러한 융합 논리가 위험하다는 것을 깨닫지 못한다. 그렇지만 현실이 불리해지면 정체성과 환경을 동일화하는 것이 매우 해롭다는 사실을 인지하게 된다. 이러한 의미에서 고독을 추구하고 스스로 적절한 거리를 두는 것은 우리 주변의 사람이나 사물과 자신을 구별할 수 있도록 한다.

특히 내적인 삶을 지향하는 위대한 종교적 체험에서 건강한 고독의 특징을 발견할 수 있다. 예수님도 때로는 사람들을 피해 사막이나 산에 혼자 머무를 필요성을 느꼈다. 마치 온전한 자신을 찾으려는 듯이 이른 아침이나 밤새 홀로 기도를 드렸다. 이러한 차원의 고독은 기술이 아니며 어떤 방법으로도 전달될 수 없다. 주변의 현실과 적당한 거리를 두고 자신에게로 돌아가는 고독은 우리 일부를 발견하는 경험이다. 이는 일반적으로 경험하는 것보다 더 깊은 관계다.

따라서 고독은 관계의 부재가 아니다. 긍정적인 고독은 우리의 깊은 내면에 있는 관계를 깨닫는 것이다. 그 관계는 다른 것과 섞이지 않고, 명료하고 뚜렷한 방식으로 존재하게 해 준다. 예를 들어 어머니라는 이름 아래 자신을 잊고 사는 여성들이 있다. 부모의 역할에만 집중하고 아내의 본분이나 자신을 위한 일을 잊게 되면 결혼 생활이 위기에 처할 수 있다. 그러나 기본적으로 그들을 움직이는 것은 사랑이다. 그들이 고독의 시간을 보낼 수 있다면 이러한 깨달음을 얻을 수 있다. 사람과 사람의 어울림에서 고독의 시간은 현실이 덮거나 지우려 하는 각자의 정체성을 되돌려줄 수 있다.

역설적이게도 우리는 외로움을 느끼면서도 그 감정에서 벗어나려 하지 않는 세상에 살고 있다. 사람들은 고독의 징후를 은폐하기 위해 자신의 삶을 물건이나 사람 혹은 활동으로 채운다. 이러한 점을 간파했던 프랑스의 뛰어난 사상가 블레즈 파스칼은 다음과 같이 말했다.

"인간의 모든 불행은 자신의 방에 홀로 머무르지 못하는 데서 나온다."

혼자 있지 못하는 사람은 이미 고독의 희생자다. 그

는 버림받고, 오해받고, 고립되고, 멀어진다는 느낌에도 불구하고 온 힘을 다해 둥둥 떠 있으려고 한다.

우리는 자신의 인생에서 고독의 기회와 이야기가 어디에 있는지 스스로 묻는 용기를 내야 한다. 자신을 되찾기 위해 고독과 함께할 기회를 얼마나 추구하는지, 그리고 삶이 부여하는 고독과 직면할 때 자유를 얼마나 행사하는지 자문해야 한다. 그럼에도 사람들은 고독을 경험하며 절망과 만난다.

사회에서 소외된 노인들은 다른 사람들의 무관심과 방치로 외로움을 겪는다. 물론 우리가 지금 나누는 이 이야기는 해로운 이기주의의 결과인 그러한 고독을 정당화하려는 게 아니다. 그러나 고독의 현실이 비관적이라면, 그 절망과 외로움의 중심에서 문제의 열쇠를 찾는 것이 중요하다.

스페인에서 이른바 황금기로 불린 16세기에 비범한

인물이 등장한다. 그는 기사의 무용담을 읽으며 자랐고 자신의 이상을 성취하려는 목표를 추구하며 살았다. 그는 바로 이냐시오 데 로욜라 성인이다. 이냐시오는 기사 작위를 받고 많은 전투를 치르다가 팜플로나 요새 공방전에서 중상을 입고 병상에 눕게 되었다.

    이 사고로 부상을 입은 그는 고립된 생활을 하며 내적 고통을 겪게 되었다. 그러나 강제적으로 고독을 겪고 절망을 경험하며 존재에 대한 영적인 깨달음을 얻을 수 있었다. 그는 자신의 내면을 깊이 들여다보면서 마음속에는 선과 악이 함께 산다는 것을 깨달았다. 마음은 사건과 상황, 사랑과 상처와 생각, 감정과 유혹, 꿈이 어우러진 전쟁터고, 그 전쟁의 승자가 존재를 규정함을 말이다.

    또한 그는 진정한 자유란 내면세계를 통제하는 것이 아니라 거기에 존재하는 각각의 요소를 인지하는 것임을 깨달았다. 마음에서 전쟁을 치르는 소리, 감각과 감정, 상황을 먼저 식별해야만 어느 한쪽을 취하기로 마음먹을 수 있다. 우리는 생각이나 감정의 총체가 아니며, 단순히 역사나 교육의 산물도 아니다. 무엇보다도 우리는 자신의 결정으로 구성된다.

그렇다면 우리가 내리는 결정이 자유 의지의 결과인지, 그저 경험에 대한 반작용인지가 중요하다. 강제적으로 고독을 겪는 상황에서 이냐시오의 선택은 불리한 상황을 역전시킬 기회였다. 그는 고독 속에서 도시나 왕국이 아닌 내면세계를 정복할 수 있었다. 마음을 다스리는 주권은 저절로 주어지는 게 아니다. 그 안에서 자아의 싹을 온전히 틔워야 주인이 될 수 있다. 자신의 내면성을 근본적으로 발견하지 못하고 다스리지 못하면 내적 혼란에 휘둘려 갈팡질팡하는 종속된 삶을 살게 된다.

이러한 종류의 고독을 경험할 때 이따금 장소의 도움을 받는 것도 괜찮다. 다른 곳으로 이동해서 일상과 적당한 거리를 두는 것은 우리 자신에게 집중할 수 있도록 해 준다.

그러나 고독의 경지가 장소에 따라 달라지는 것은 아니다. 장소가 도움은 되겠지만 필수적인 요인은 아니다. 우리가 어디에 있든, 어떤 상황에 있든 적절한 거리 두기는 가능하다. 자신의 고독을 다스릴 줄 아는 이는 지옥도 이길 수 있다. 하지만 우리의 생각과 의지의 힘만으로는 진정한 고독의 경지에 이를 수 없다. 우리는 모두 관계와 연대의 끈을 지녀야만 고독의 깊은 어둠 속에서 빛의 근원을 발견할 수 있다.

고독을 고립의 여정으로만 이해한다면 절망감만 커질 것이다. 그러나 그와 달리 고독에서 소속감을 느낀다면 혼자서는 도달할 수 없는 위대한 발견으로 이어질 것이다.

이와 관련하여 복음서에 나오는 흥미로운 이야기가 있다. 예수님이 제자들을 처음 만나는 일화다. 능숙한 어부들은 밤새 그물을 내렸지만 물고기를 한 마리도 잡지 못했다. 그들은 밤새 수고한 보람이 없어 실망하고 허탈한 마음으로 빈 그물을 씻고 있었다. 예수님은 그러한 어부들에게 가까이 다가가셨다. 그러고는 먼 바다로 나가 그물을 다시 던지라고 권하셨다. '깊은 데로 서어 나가라'고 말이다.

예수님은 그들에게 완전히 낯선 사람이었다. 어부들은 자신의 능력과 힘, 의지와는 상관없이 외부인의 말만 믿고 위험을 무릅써야 했다. 그들은 불과 몇 시간 전에도 아무런 성과를 내지 못했지만, 그분을 믿고 똑같은 작업을 다시 했다. 시몬 베드로는 의미 있는 대답으로 예수님의 권유에 응했다.

"스승님의 말씀대로 제가 그물을 내리겠습니다."(루카 5,5)

그의 신뢰는 엄청나게 많은 물고기를 잡는 것으로 보상받았다.

우리가 고독에 빠져들 때 자신의 힘이나 능력에만 의존해서는 안 된다. 한계와 나약함을 딛고 풍성한 수확의 가능성을 위해 시도하라고, 깊은 곳으로 가라고 끊임없이 권하는 목소리에 귀 기울여야 한다. 그 말을 신뢰하고 깊은 유대감을 느낀다면 고독은 고립이 아니라 은총이 된다.

침묵

침묵이 그 자체로 아름다우리라고는
지금까지 상상하지 못했습니다.

밤에 잠을 깨면 묘한 기분이 듭니다. 가끔 그런 때가 있으면 저는 바로 TV를 켜거나 인터넷을 합니다. 그러나 요즘은 잠을 이룰 수 없어도 TV를 켜지 않으려고 합니다. TV에서 나오는 코로나19 뉴스에 지쳤기 때문입니다. 사람들이 이 시기에 의무적으로 써야 한다고 느끼는 동정의 글이나 아는 척하는 논평을 읽는 것도 솔직히 짜증이 납니다.

그래서 안 하던 행동도 해 봅니다. 요즘에는 모든 것이 다 이상합니다. 발코니로 나가서 도시의 적막을 느껴 봅니다.

낯선 기분이 듭니다. 어떤 일을 하건 항상 소음이 배경처럼 깔려 있어야 했으니까요. 침묵이 그 자체로 아름다우리라고는 상상하지 못했습니다. 비로소 알 것 같습니다. 기도하기 위해 말은 중요치 않고, 침묵이 본질을 깨닫는 가장 좋은 방법이라던 신부님의 말이 떠올랐습니다.

여태 그래 본 적이 없었습니다.

●

용기를 내어 침묵으로 들어갔건만,
우리는 그 즉시
내면의 군중에게 던져진다.
그 군중은 격렬하게 항변한다.
이는 두려움과 불안의 외침이다.
별이 되어 우리를 인도할 용기가 없는
내면의 상처와 깊은 곳에 있는 희망이
난폭하게 자신을 표현하는 것이다.

✕

고독이 현실과의 적절한 거리이고 자기 본연의 모습을 찾게 한다면, 침묵은 말 사이의 적당한 거리이고 말이 의미를 지니도록 하는 것이다.

침묵은 언어의 구두점이다. 그것이 없다면 말은 폭포수처럼 덧없이 쏟아지고 이야기는 존엄성을 띠지 못한다. 이는 누구나 겪을 수 있는 일이다. 내부에서 의미 있는 이야기를 끌어내지 않고, 상황과 감정, 생각과 감각의 혼란스러운 총체로 자신의 삶을 인식할 때 그런 일이 일어난다.

　많은 경우에 우리 인생은 빼곡히 문자가 들어차고 다른 쪽과 들러붙어 글을 알아볼 수 없는 종잇장과 같다. 침묵은 소리에 존엄성을 부여하고 음악을 예술로 만든다. 음표와 음표 사이에 멈춤과 호흡이 없다면 음악의 아름다움도 없을 것이다.

　그런데 침묵에도 두려움의 유령이 출몰한다. 말이 그 의미를 찾지 못하고, 침묵도 말의 의미를 찾아 주지 못할 때 우리는 두려워하게 된다.

　물론 침묵은 부재를 뜻한다. 그러나 그 자체로 끝이 아닌 말의 부재, 기능적인 부재다. 한 마디 한 마디가 말이 되고 이야기를 이어 나갈 수 있는 것은 침묵이 주는 멈춤 덕분이다. 침묵이라는 모태가 없다면 말은 정보를 교환하는 역할만 할 수 있을 뿐 생명을 전달하지는 못한다. 말은 단순히 즉각적인 어떤 것을 지시

할 때가 아니라 더 깊은 무언가와 결합할 때 의미가 있다. 그러하기에 우리를 구원해 주는 고독의 기술을 다시 배워야 한다. 즉 침묵의 기술을 신중하게 연습할 필요가 있다.

침묵을 선택하는 것은 무엇보다도 인생에서 소음을 일으키는 모든 것의 볼륨을 낮추는 것이다. 소음은 공허함을 채워 주고 부족함을 잊게 한다. 그러나 부족함을 인정해야 마음의 장막을 걷어 그 아래 숨겨진 것을 드러낼 수 있다. 대개 우리는 그럴 용기가 없기 때문에 침묵을 피하려고 한다. 우리의 부족함을 직시하고 싶지 않기 때문이다.

침묵으로 들어갈 용기를 내면 내면의 군중 속으로 내던져지게 된다. 입을 닫게 되면 그 군중은 격렬하게 자신을 항변하기 시작한다. 그것은 두려움과 불안감의 외침이다. 그것은 별이 되어 우리를 이끌 용기가 없는 내면의 판단과 상처와 희망이 만들어 내는 난폭한 표현이다. 그것은 다른 사람이 전해 준 감정과 교육에서 탄생한 사고의 뒤틀린 추론이다. 그것은 억눌린 뒤 출구를 찾지 못해 불만과 분노와 좌절을 낳은, 말할 수 없는 욕망의 외침이다. 요컨대 우리 안에는 군중이 살고 있고, 침묵은 그 군중의 말을 새겨들을 줄 아는 능력이다.

이러한 일은 침묵을 경험하는 시작일 뿐이다. 침묵이 줄 수 있는 선물은 아직 많이 남아 있다.

사실 우리기 기회를 주는 즉시 내면의 아우성은 지진, 폭풍, 회오리바람처럼 점점 더 격하게 절규한다. 그러면 우리는 그 군중에게서 달아날 수밖에 없다. 약간의 안도감을 느끼기 위해 다 채워지지 않은 창고의 문을 다시 닫아걸게 되는 것이다. 그리하여 우리는 끊임없이 자신의 밖에서 살게 된다. 이와 달리 침묵은 우리가 내면에서 살도록 이끄는 문의 역할을 한다.

이 내면세계를 꾸준히 자주 방문하면 그곳에 사는 군중은 점차 폭력을 멈춘다. 내면에 있는 각각의 것들에 익숙해지기 시작하고, 그들의 질문에 항상 대답하지 않거나, 그들의 도발을 반드시 해결하지 않고도 서로 즐겁게 지낼 수 있게 된다. 괴물이 되기를 서서히 멈추는 괴물과 시간을 보내게 되고, 말하거나 생각하거나 고백하지 않으면서도 숨기고 제거하려 했던 그 일부를 환영할 수 있게 된다.

이러한 내적 작업을 하려면 개인적으로 시간을 내야 한다. 이 작업이 얼마나 걸리는지는 사람마다 다르다. 누구든 자신의 내면세계에 익숙해지기 위해서는 저마다 시간이 필요한데, 우리 안에 축적된 압력이 얼마나 큰지에 따라 내면의 폭력이 멈추고 환대가 시작되는 시기가 달라진다.

고독과 마찬가지로 침묵은 우리와 우리 안에 사는

것 사이에 일정한 거리를 두도록 한다. 그리하여 우리가 내면과 하나가 아니며, 우리 자신과 우리가 내면에 지니고 느끼고 생각하는 것 사이에 항상 거리가 있음을 깨닫게 해 준다. 침묵은 바로 이런 특별한 것을 인식할 수 있도록 해 주는 것이다.

때때로 우리 안에는 누군가를 증오하는 마음이 생긴다. 그 증오심은 종종 죄책감을 불러일으킨다. 그 감정이 우리를 정의하게 내버려 두기 때문이다. 그러나 내면으로 들어가서 거기에 깃든 증오의 폭력에 가까이 머무르는 법을 배우면 우리가 그 추악하고 끔찍한 증오로 변할 수 없음을 깨닫게 된다. 우리 안에 무엇이 있든 그것은 본질적으로 우리가 아니다.

우리는 그 증오의 감정 앞에서 무언가를 결정할 수 있으며, 심지어 반대되는 태도를 보일 수도 있다. 따라서 우리는 내면세계와 일치하지 않는 데에서 자유 공간을 재발견한다. 한편으로는 우리가 진정 누구인지에 대해 더 깊이 질문하면서, 다른 한편으로는 우리 안에 존재하는 하나 혹은 그 이상의 존재와 일치할 것이라는 두려움에서 우리를 끊임없이 구하는 것이다.

이 특별한 형태의 내적 수행은 누구나 실천할 수 있다. 우리 자신과 이루는 조용한 친분의 중요성을 깨닫기 위해 무조건 종교적인 장치가 필요한 것은 아니다. 세간에서 말하는 내면 수련으로도 실행할 수 있다.

지금까지 한 서술로 침묵을 설명하기에는 부족함이 느껴질 수 있다. 침묵이 단순히 자신에게 돌아가는 길을 찾고 내면세계와 친숙해지기 위한 것이라고 한다면 우리 내면에 대한 피상적인 견해로 이끄는 실수를 범할 수 있다. 사실 침묵이 필요한 것은 그것이 지닌 우리 삶의 이야기와 말에 의미를 부여하는 엄청난 능력 때문이다.

침묵은 우리 삶을 가로지르는 소음을 음악으로 바꾼다. 게다가 사람과 사물, 말에 의미를 가져다줄 뿐만 아니라 경청하는 능력이기도 하다.

경청은 우리 삶의 근본적인 요소이며, 추리와 판단, 사고에 앞서 일어나는 수용 능력이다. 경청은 다른 사람에 대한 환대이고, 외부에서 전달되는 의미와 감정에 대한 환대다. 우리가 좋은 책을 읽거나 영화를 볼 때 기쁨을 느끼는 이유는 그 순간 우리의 상상과 예측을 뛰어넘는 이야기와 의미에 매혹되기 때문이다. 이는 다른 사람이 건네는 선물처럼 무한히 받게 된다. 따라서 우리는 그러한 작용을 기대하며 대화와 듣기에 참여한다.

침묵은 우리를 평온하게 하는 목적만 가지고 있는 것이 아니다. 내면의 군중과 평화롭게 지내도록 할 뿐만 아니라 우리의 존재성과 외부가 관계를 맺도록 해준다. 다시 말해 침묵은 각자가 내면으로부터 경청할 수 있도록 가능성을 열어 준다. 다른 사람이 건네는 의미와 감정을 환대하는 자세를 내적으로 갖추도록 해 주는 것이다. 현대인들은 아무도 내게 말하지 않기에 들을 필요가 없고, 대답이 없기에 물을 필요도 없으며, 누구에게도 받을 것이 없기에 환영의 자세로 마음을 열 필요가 없다고 여기곤 한다. 이는 가장 위험한 태도다.

현대 사회가 직면한 이러한 허무주의는 내면의 경험을 단순한 분석으로 바꾸어 버렸다. 이러한 작업이 특별할 수는 있다. 그러나 내적 요소의 분석이나 무의식의 신비스러운 측면은 부차적인 부분이다. 가장 중요한 문제는 우리 내면이 수용적인 태도를 취할 때, 즉 자신의 이성과 사고와 관계를 능가하는 더 큰 무언가를 환대할 때 삶의 올바른 차원을 찾을 수 있다는 점이다.

따라서 침묵은 이성 작용에 따른 말의 부재가 아니다. 그것은 더 풍성한 삶을 위해 의미와 답변, 상상과 기대를 주는 경청으로 이끄는 것이다. 침묵은 더 심오하고 수용적인 존재가 되도록 이끄는 원초적인 호기심인 것이다.

그런데 침묵이라는 주제는 현실적인 한계에 부딪치곤 한다. 사실 우리는 혼돈을 즐기는 듯하다. 우리는 존재의 혼란 상태에서 벗어날 마음이 없다. 정보와 감정, 감각과 생각의 축적을 흡족하게 여기기만 하고 그것들을 정렬하여 이야기로 만들지 않는다. 의미 있는 연결 없이 말과 사물, 사람을 쓸어 담기만 한다.

이러한 혼돈의 습관을 가졌기에 우리는 삶의 노예가 되곤 한다. 더 많은 것을 모으려고만 하고 빼앗기는 것을 참지 못하기에 고뇌, 불안, 공황과 같은 불편함이 나타난다. 이러한 불편함이 나타날 때에는 심각하게 받아들여야 한다. 내적으로 혼돈의 문제를 겪고 있다는 증거이기 때문이다. 이 사실을 직시해야 그릇된

습관을 바로잡을 용기가 생긴다. 또한 침묵을 통해 혼란스러운 세상에 맞설 수 있으며, 조화로운 삶으로 나아갈 수 있다.

사람들은 삶을 내면화하기 위해 유능한 사람을 찾기도 한다. 혼돈을 다스리도록 도와줄 누군가를 찾는 것이다. 그러나 존재를 어지럽히는 혼돈에 맞서 이를 무리하게 통제하려고 시도하는 것은 자주 저지르는 실수다.

내면세계를 지배할 수 있다고 믿는 것은 착각이다. 이러한 착각은 더 깊은 은폐를 초래하고 본질을 놓치게 한다. 우리는 침묵의 문을 통해서 내면으로 들어가야 한다. 내면세계를 통제하기 위해서가 아니라 내면에 지닌 것을 받아들이기 위해서다. 이전까지는 추악하다고만 여겼던 것들과 대면하고 친숙해지는 것이다.

내면에 있는 것들과 친숙해지려면 그들과 시간을 보

내면서 내 안에 있는 '군중'의 얼굴과 이름과 상황을 알아 가야 한다. 이러한 환대의 태도를 취해야 군중의 폭력적인 힘에 휩쓸리지 않고 내면의 의미 있는 소리에 귀 기울일 수 있다. 이렇게 되었을 때 띄엄띄엄 희미하게 들리던 소리는 차츰 명료한 이야기로 변한다. 그러면 침묵은 지금까지 모르던 더 큰 내면세계로 들어가게 하는 수용이 되고 교육이 된다.

이 내면의 여정에는 장애물이 많이 있다. 특히 비판은 많은 사람들이 흔히 가지는 가장 주된 장애물이다. 그것은 침묵의 길로 향하려는 열망, 경청이라는 가르침을 실행하려는 의지를 방해한다.

비판은 내면에 도사린 복병이다. 그것은 자신에 대한 나쁜 생각과 자신에 대한 부정적인 견해를 부추긴다. 그것은 우리 모습이 지금 현재와 같기를 바란다. 그래서 우리가 될 수 있는 모든 것을 집중적으로 공격한다. 우리가 지닌 두려움과 불안과 상처를 이용하여 우리 생각이 틀렸고, 우리가 가치 없는 사람이고, 사랑받을 자격이 없고, 행복할 수 없다고 끊임없이 포탄을 퍼붓는다. 비판은 이렇게 우리 의욕을 꺾어 버린다.

우리 안에 그러한 복병이 있을 때 침묵을 긍정적으로 경험하는 것은 어려워진다. 우리가 내면세계로 들어갈 때마다, 이 적은 어느 순간 나타나서 항상 설득력 있는 주장으로 우리를 몰아내기 때문이다. 우리 안에 서식하는 비판이라는 뿌리를 제거하기란 무척 힘들다.

악은 우리 삶을 방해하기 위해 종종 이러한 균열, 즉 비판받는 느낌을 이용한다. 여기에서 내적 경험은 큰 위기와 혼란을 맞게 된다.

내면의 군중과 친해지는 것은 우리가 그 군중과 같지 않다는 점을 이해하는 것이다. 그 같은 일은 비판에도 적용된다. 내면에서 일어나는 비판의 소리와 비관적인 견해를 막을 수 없다면 우리는 그 말을 무시하고 반박하는 방법으로 맞설 수 있다.

적은 동조하면 할수록 더 기운을 떨친다. 우리의 이성은 그 적의 말을 쉽게 믿곤 한다. 논리와 입장을 뒷받침하는 구체적인 요소를 가지고 비판하기 때문이다. 확실한 증거를 제시하면서 비난하는 것을 반박하기는 어렵다. 그리고 때때로 구체적인 증거들은 우리가 살면서 겪은 경험과 실수, 고통과 일치한다. 적은 그러한 사실에 대해 왜곡된 해석을 내리면서 우리 인생을 방해하고 우리를 내적인 삶에서 쫓아내려고 한다. 그러니 자신의 밖에서 사는 사람은 절대 자유로울 수 없고 행복할 수 없다.

이 난관을 헤쳐 나가려면 자신의 의지만으로는 부족하다. 내면의 적이 어떻게 생각하고 행동하는지 아는 것만으로는 충분하지 않은 것이다. 이 경우에도 혼

자가 아니라는 믿음, 강한 소속감은 적의 논리에 맞서는 큰 힘이 된다.

이는 구체적으로 어떤 의미일까? 우리 각자를 올바른 시선으로 바라보는 일, 우리 각자의 행위가 선한지 판단하는 일은 항상 관계를 통해서 하게 된다. 그렇기 때문에 관계 안에서 선의 가치를 높이고, 무엇보다 먼저 선을 행하도록 해야 한다는 의미다. 누군가가 부정적인 비판의 시선이 아니라 다른 시선으로 우리를 바라볼 때 변화와 혁신의 기회가 주어진다. 그러니 악이 아닌 선을 신뢰해야 한다. 냉정한 심판의 잣대를 들이대기보다는 그리스도교에서 강조하는 자비의 시선으로 서로를 바라봐야 한다.

자비는 우리의 모습 그대로를 사랑하는 누군가를 만나는 경험이다. 자비를 베푸는 사람을 만나게 되면, 즉 우리가 되어야 하는 모습이 아니라 우리의 부족하고 추한 모습까지 기꺼이 사랑해 주는 사람을 만나게 되면, 변화와 혁신을 가져올 수 있다. 그리고 기세등등하던 비판의 소리는 이제 무의미한 메아리가 되어 잦아든다.

우리가 본모습 그대로 사랑받는다고 느끼면 모든 것을 근본적으로 바꿀 수 있다. 사랑이 실체의 진실에 닿을 때 우리는 위선의 가면에서 해방되기 때문이다. 우리는 타인에게 사랑받기 위해 자신의 약점과 과오를 감추려고 한다. 그러나 가면이 벗겨져도 지속되는 사랑과 만나면 마르지 않는 우물처럼 진정한 친밀감이 샘솟는다. 그리고 비로소 자신에 대한 미움의 감정도 떨칠 수 있다.

우리 마음의 가장 깊숙하고 중요한 지점까지 도달하려면 오직 침묵을 통해야 한다. 그 내면의 문에 들어선 사람들은 어떤 상황에서도 자유롭고 어떤 시련에도 용기 있게 맞설 것이다. 내적으로 자유로운 사람들은 온유함을 보여 준다. 온유함은 우리가 극단으로 치닫지 않게 악을 다스릴 줄 아는 능력이다.

예수님 생애에 나타나는 침묵에 관한 이야기는 항상 감동적이다. 죽음을 앞둔 예수님의 침묵은 박해자들과 군인들과 군중이 가한 모욕과 폭력, 부당한 처사와 대조된다. 그분의 침묵은 겁쟁이들의 침묵이 아니라 온유함의 침묵이다. 고통과 고뇌의 중심에서 내적 자유를 실현하는 자의 침묵이다. 신약 성경에서는 그러한 예수님의 모습을 다음과 같이 전하고 있다.

"그분께서는 모욕을 당하시면서도 모욕으로 갚지 않으시고 고통을 당하시면서도 위협하지 않으시고, 의롭게 심판하시는 분께 당신 자신을 맡기셨습니다."(1베드 2,23)

침묵은 우리를 내면으로 인도하고, 그 안에 있는 것을 파악하도록 한다. 그리고 '비판'하는 적을 물리치게

할 뿐만 아니라 위대한 경청의 자세로 이끌고 내적 자유의 문을 통과하게 한다. 그리고 마침내 우리 존재가 폭력의 힘을 이기는 고요하고 평화로운 삶, 온유한 삶을 살게 해 준다.

육체

살면서 제 육체를 지금만큼 생생하게
인지한 적은 없었습니다.

신부님, 열이 나기 시작했을 때는 바이러스에 감염됐다는 생각을 못 했습니다. 그런데 날이 갈수록 병세가 악화되었습니다. 몸이 더는 제 몸 같지 않은 느낌이 들었습니다. 그리고 질식감. 이는 아마도 경험할 수 있는 최악의 감각 중 하나일 것입니다. 저는 방호복을 입은 의사와 간호사가 집에 들어오는 걸 보고서야 문제가 심각하다는 것을 깨달았습니다.

누구나 몸이 아플 땐 어떻게든 안도감을 찾으려고 할 테지만 그 어떤 생각도 도움이 되지 않았습니다. 부끄러운 말이지만, 한편으론 온 힘을 다해 낫고 싶다가도 어떤 순간에는 차라리 죽는 게 낫겠다는 생각이 들었습니다.

호흡관을 삽입하기 전에 저는 준비하는 여의사의 눈을 똑바로 바라보았습니다. 그녀도 저를 바라보았고 손을 꼭 잡아주었습니다. 그때 저는 마지막 순간에 누군가의 손길을 느끼며 눈을 감는다면 좋겠다고 생각했습니다. 이후 아무도 다가오지 않은 채, 며칠이 지났습니다. 그리고 깨어났을 때에는 몸 쓰는 법부터 다시 익혀야 했습니다. 갓난아기처럼 호흡하고 걷고 먹는 법을 다시 배워야 했습니다.

제게 육체가 있다는 것을 지금만큼 실감한 적은 없었습니다.

●

그리스도교는
하느님이 육신을 지닌 인간이 되심,
즉 강생의 신비를 묵상하는
유일한 종교다.

✕

　우리 몸은 중요한 교훈을 알려 준다. 육체의 의미를 깊이 고찰하기 위해서는 먼 과거, 고대 그리스 시대로 거슬러 올라가야 한다. 고대 그리스에서 육체는 영혼이라고 불린 내적 차원과 대조되는 개념으로 서서히 발전되었다. 영혼이 인간이 경험하는 가장 높은 수준의 실체라면 육체는 플라톤이 '영혼의 무덤'이라고 정의할 정도로 비하되었다. 이는 우리가 육체를 통해 고통과 질병, 열정과 유혹을 경험하기 때문이다. 그런데 때때로 육체는 정신과 마음의 충동을 가라앉히는 곳이 되기도 한다. 우리가 생각하거나 느끼는 것을 육체가 항상 실현할 수 있는 건 아니기 때문이다. 이러한 점을 고려하면 영혼과 육체를 대조적인 것으로 여기는 사고에서 벗어나야 함을 알 수 있다. 그렇지 않으면 생의 마지막 시기에 겪는 다양한 고통에서 육체가 전해 주는 중요한 교훈을 배울 수 없을 것이다.

그리스도교는 영혼과 육체를 구분하곤 한다. 이 때문에 예수님이 주신 메시지에 녹아 있는 직관을 따라잡지 못한 적도 있었다. 하느님이 육신을 지닌 인간이 되심, 즉 강생의 신비를 묵상하는 유일한 종교인데도 말이다. 또한 인간의 내적 원리인 영혼만 구원되는 것이 아니다. 영혼과 육신은 함께 구원되어 부활한다. 이는 복음서에서 분명하게 전하고 있다. 부활하신 예수님은 환영이나 유령이 아니라 온전한 사람의 모습으로 제자들 앞에 나타나셨다. 오디세우스가 저승에서 어머니 안티클레이아를 만난 경우와 다르다. 그는 어머니를 껴안으려고 세 차례 시도했지만 그럴 수 없었다.

"저는 얼싸안고 싶은 충동이 세 번이나 일어서 달려들었지만, 세 번 다 꿈이나 그림자처럼 제 품에서 빠져나갔습니다."《오디세이아》, 제11장)

부활한 이와의 만남은 그의 육체와 만나는 것이다. 예수님은 제자들에게 직접 몸을 드러내 보이셨다.

"내 손과 내 발을 보아라. 바로 나다. 나를 만져 보아라. 유령은 살과 뼈가 없지만, 나는 너희도 보다시피 살과 뼈가 있다."(루카 24,39)

그리고 믿지 못하는 토마스에게 다음과 같이 이르셨다.

"네 손가락을 여기 대 보고 내 손을 보아라. 네 손을 뻗어 내 옆구리에 넣어 보아라."(요한 20,27)

또한 예수님은 식탁에서 먹고 마시는 행위를 통해 자신이 육신을 지니고 있음을 거듭 확인해 주셨다(루카 24,36-49; 요한 21,1-14 참조). 이렇게 부활과 구원의 의미는 육신을 지니고 있다는 점에서 완전해진다.

그런데 구원 사업을 행하고 자신을 드러내기 위해 예수님이 육체를 취한 것과는 달리 인간은 자신의 육체를 없애기 위해 남은 생을 보내는 듯 보인다.

이는 오래전부터 전해진 육체에 대한 시각을 반영한다. 인간은 몸 그 자체이기도 하지만 그 육체성은 항상 불편함을 동반한다. 이는 육체로 인한 일련의 '스캔들' 때문일 것이다. 사실 선과 악, 사랑과 미움, 기쁨과 슬픔은 몸을 통해 전달되어야 진정으로 표현된다. 사랑은 몸을 통해서 우리의 가장 깊은 부분에 닿는다. 고통은 몸을 통해 결정적으로 우리의 가장 깊은 곳에 상처를 준다. 이렇게 몸은 기쁨의 장소이자 고뇌의 장소다.

그러하기에 육체를 배제하고는 내면을 생각할 수 없다. 음의 일관성 없이 곡을 연주할 수 없고, 말의 일관성 없이 이야기할 수 없는 것과 같다. 육체와 내면은 이론적으로만 분리되고 현실에서는 항상 하나로 작용한다.

오늘날에는 육체를 절대화하고 그것을 과시하는 데 집중한다. 이는 겸손하고 단정한 육체에 주목하는 것이 아니다. 따라서 우리가 간과한 것에 대해 문제가 제기되고 있다. 영혼과 내면성을 제쳐 두고 육체만 돌보는 것은 단순히 외모만 가꾸는 일이 될 수 있다. 외벽만 있고 그 뒤로 집이나 쉴 만한 공간이 없는 허상과 같은 건물이 되는 것이다.

우리는 "건강한 몸에 건강한 정신이 깃든다Mens sana in corpore sano."라는 말을 자주 듣는다. 주로 운동할 때 동기를 부여하기 위해 사용하는 말로, 꾸준한 몸 관리의 중요성을 강조한다. 이는 좋은 말이지만 부분적인 말이기도 하다.

몸을 관리하는 일은 인간의 삶에서 긍정적으로 여겨지지만, 내면을 돌보지 않는다면 실존적 상황을 개선하기보다는 해체할 위험성이 있다. 물론 생각만 하는 것이 아니라 구체적으로 세부적인 것부터 자신을 돌보는 일은 좋은 일이다. 이는 방 정리에 비유해 볼 수 있다. 방을 정리하는 일은 가구나 물건을 구체적으로 옮겨서 현실적으로 해야 하는 것이지 방에서 단순히 의견만 교환하는 것이 아니다. 집이 잘 정리되었는지는 사물이 제자리에 있는지를 통해 즉시 알 수 있다.

마찬가지로 육체도 우리가 즉시 경험하는 인간성의 일부다. 그러니 육체를 배제하고서는 영혼을 돌볼 수 없다. 우리는 이 경우에도 일방적인 관점을 삼가야 한다. 비판의 시선이 아니라 환대와 수용의 시선으로 바라봐야만 육체에 대한 논의가 폭력이 되지 않을 수 있다. 그리고 부드러운 애정의 시선이 복종이나 의존으로 변하지 않을 것이다.

우리는 인간 본성의 즉각적인 경험(육체)과 매개된 경험(내면)의 결합을 인지해야 한다. 즉각적인 경험은 감각을 통해 이루어지고, 매개된 경험은 감각에서 출발하여 이루어지되 거기에 생각과 마음의 요소가 추가된다. 내면성이란 자신의 경험에 의미를 부여하는 것이기 때문이다. 한편 인간의 삶에서 가장 결정적인 부분인 관계도 고려되어야 한다. 관계는 그 자체로 구체적이어야 한다. 또한 우리는 관계를 통해 정보의 교환뿐만 아니라 서로의 경험도 교류한다. 이런 의미에서 몸은 관계가 일어날 수 있는 수단이 된다.

현대 사회에서는 가상 접촉이 더 빠르고 더 효율적인 관계를 맺도록 해 준다고 여긴다. 그러나 분명한 원칙을 재확인할 필요가 있다. 바로 가상의 만남은 육체성이 없기 때문에 관계를 맺을 때 깊은 진실성이 없다는 것이다. SNS에서 교류하는 친구들은 실제로 삶을 공유하는 친구들처럼 일관성을 띠지 않는다. 우리가 가상 세계에서 풀어내는 감정적, 성적, 심지어 종교적 경험들은 대개 일시적이고 때로는 비인간적이기도 하다. 그러한 현상은 내용의 결여뿐만 아니라 육체성의 결핍으로 인해 심해진다. 따라서 인간의 육체를 다른 생물의 경우와 동일시하고 단순히 동물의 조건으로만 인식한다면 우리를 일관된 모습으로 존재하도록 해 주는 유일한 실체를 부정하면서 사는 것이다.

이제 우리 사회와 문화에서 깊이 고려해야 하는 육체의 세 가지 요소를 살펴보자.

먹기

인간은 기본적으로 살기 위해 먹는다. 음식을 먹는

행위는 주로 생존의 생물학적 기능과 관련이 있다. 그러나 우리는 단순히 영양분을 공급하는 것과 먹는 것은 다르다는 점을 이해한다. 사실 인간의 생존을 위한 이러한 생물학적이고 일차적인 기능에도 관계성이 스며들어 있다. 이런 의미에서 먹는 행위는 결코 단순하고 기계적인 일이 아니라 항상 다른 동기가 포함되어 있다. 즉 이 행위가 내면의 상태를 대변하는 것이다. 그러하기에 섭식 장애의 원인을 신체 기능의 문제로만 한정하지 않고, 내면의 복잡한 얽힘을 알려 주는 경보음으로 여긴다.

너무 많이 먹거나 아예 먹지 않는 것은 신체의 병리적 증상일 뿐만 아니라 인간성(영혼과 육체, 즉 육체적 경험과 내적 경험의 심오한 일치를 의미하는)과 관련된 징후다. TV나 인터넷에서 자주 볼 수 있듯, 최근 몇 년 동안 음식과 요리, 식사에 관한 주제는 큰 관심사로 부각

되었다.

  식욕은 성욕과 더불어 우리 무의식의 깊은 영역에 존재하는 강한 욕구의 표현이 되었다. 음식과 식사는 삶과 세상을 통제하기 위한 방법이나 시도가 될 수 있다. 그리고 남을 해치거나 자신을 학대하는 가학적인 도구가 되기도 한다. 게다가 사랑을 표현하고 전달하는 방식이기도 하다. 따라서 음식과 요리, 식사의 중심에는 영성의 관점과 깊은 내적 인식이 동반되어야 한다는 점을 잊지 말아야 한다.

  복음서에는 많은 연회와 식사 장면이 묘사되어 있으며, 다양한 음식도 열거되어 있다. 특히 예수님이 음식과 연회에 빗대어 교훈을 전달하신 내용은 흥미로운 부분이다. 복음서가 영성의 말씀인 만큼 음식과 식탁과 식사에 대한 언급은 인간 영성에 대한 분명한 표현이다. 그렇기에 특정한 음식과 음료가 수도원이나 종교

기관에서 연구되고 개발된 것은 우연이 아닐 것이다.

먹는 행위에 깊이와 진지함을 부여하는 일은 참으로 멋진 일이다. 음식에 대한 현재의 관심이 정확한 요리법보다 그 안에 숨겨진 인도적 가치를 살피는 데로, 내면에 대한 인식과 부름으로 향한다면 이는 진정으로 혁명적인 일일 것이다.

성性

성은 육체성을 구성하는 기본 요소다. 성의 문제는 이제 관습에서 벗어났다고 생각할 수 있지만, 나는 그 반대라고 확신한다. 육체성의 부각과 선정성은 광범위한 음란물로 이어질 수 있다. 그러나 이것은 금기의 극복이 아니라 정확히 그 반대의 경향을 드러낸다.

성은 단순히 생명을 전달하는 생물학적 관점으로만 볼 수 없다. 그렇기에 그 개념을 올바르게 정립하는 것이 중요하다. 특히 성을 성기에 편중하여 신체 일부로 이해하는 것은 편협한 접근이다.

우리는 성이 인간 존재의 근본적인 관계성의 표현이라는 점을 고려해야 한다. 성은 관계를 도모하는 방법이며, 이는 최근에 진행된 관찰과 연구를 통해서 더욱 강조되었다.

사실 인간의 생명이 성 기능의 행사에서 비롯되는 것이라면 우리의 모든 관계, 친밀한 유대감은 직간접적으로 항상 성을 암시한다. 성은 우리 각자에게 숨겨진 깊은 영역과 연결되어 있으며, 소유보다는 존재의 의미가 강하다. 성은 우리 존재의 표현이지 육체적으로 소유한 것에 대한 표현이 아니다. 한 사람의 인생에서 성이 위기를 맞고 인격에 완전히 통합되지 않을 때 심각한 문제가 생길 수 있다.

우리는 살면서 풀리지 않는 내적 문제에 빠져 꼼짝

못 하기도 한다. 이따금 성은 삶의 잠금을 해제하는 것을 의미한다. 그러나 강물이 흐름을 방해하는 댐과 바위를 만날 수 있듯이, 때때로 성은 흐르는 물이 아니라 막다른 길이 되어 인간적이고 의미 있는 삶을 온전히 느끼지 못하게 방해할 수도 있다.

우리가 단순한 연결로도 관계를 만족스러워하고, 육체의 요구를 충족하는 것으로 음식을 대하고, 성을 생물학적 필요성으로만 인식하게 되면서 우리 사회는 인간성을 잃게 되었다. 따라서 그 모든 것을 인간적인 관점에서 수용할 수 있는 내면의 큰 공간을 마련하는 일이 시급하다. 우리가 성을 피상적으로 이해한다면 성은 욕구와 필요성을 채우는 수단일 뿐 관계의 일부로 녹아들지 않을 것이다. 결국 진정한 관계가 없는 곳에서는 만족감에 대한 환상만 난무하고 근본적인 외로움과 불행은 갈수록 더 깊어질 것이다.

많이 안다고, 배가 부르다고, 만족했다고 반드시 행복한 것은 아니다. 우리의 육체성을 이해하려면 방대한 생물학적 자료를 뒤적이는 것만으로는 충분치 않으며, 더 넓은 배경에서 바라볼 필요가 있다.

피조물 보호

육체성에서 고려할 마지막 주제는 육체와 세계의 관계에 관한 것이다. 피조물 보호는 우리 시대에서 중요하게 여기는 정치적 의제지만, 이데올로기적이고 부분적인 담론에 그칠 우려가 있다.

우리는 인간 역시 살아 있는 생명체이기에 추상적인 존재가 아니라 구체적인 공간(지리)과 구체적인 시간(역사) 속에 산다는 사실을 잊지 말아야 한다. 공간과 시간은 인간을 비롯한 모든 생명체가 삶의 터전으로 삼는 자연의 일부다.

그 어떤 생명체도 자신을 둘러싼 환경을 무시하며 살 수 없다. 주변 환경이 위기에 처하면 생명의 가능성도 위협받기 때문이다. 환경에 관한 담론은 단순히 공리적인 차원이 아니다. 생명을 보호하기 위해 우리 주변의 자연에 대한 책임을 지는 것은 당연하지만 그것은 부분적인 주제일 뿐이다. 우리는 자연과 피조물의 관계 안에서 우리가 평생 추구하고 해석해야 하는 차원을 찾는다고 말할 수 있다. 그런 의미에서 별이 총총한 하늘을 보고, 산을 오르고, 자연의 소리를 듣고, 가족의 일원이 된 애완동물과 함께 사는 것은 해석의 거울을 발견하는 방법이다. 즉 우리의 이성만으로는 풀 수 없었던 문제의 실마리를 자연과 피조물의 관계 안에서 찾는 것이다.

그러하기에 역사의 수많은 위인은 결정적인 순간에 여행길을 떠났다. 그들은 집과 고향을 떠나 순례를 가거나 무작정 탐험을 시작했다. 공간을 이동하고 주변 공간과 관계를 맺는 것은 이해할 수 없고 잘 알려지지 않은 내면세계에 대처하는 방법이었기 때문이다.

자연과 피조물에 대한 사색적인 시선은 우리가 하느님의 창조물을 돌봐야 하는 근본적인 이유를 알려 준다. 환경오염과 천연 자원의 사용에 대한 입장을 분명하게 정립하기 위해서는 무엇보다도 인간과 주변 환경의 관계성을 인식해야 한다. 그리고 인간이 자신의 육체가 자연이라는 큰 체계 안에 있다는 근본적인 관점을 확립해야만 자연과 피조물의 올바른 관계를 회복할 수 있다.

사실 우리 내부에서 꿈과 향수, 유토피아와 욕망이 생기고, 세상의 끝이라 여겼던 헤라클레스의 기둥을 넘어 나아가게 된 것은 피조물에 대한 시선에서 출발했다. 단지 이러한 욕망과 향수와 희망을 찾는 것만으로도 인간은 더 많은 것을 깨닫고, 그러한 이유에서 의미 있는 흔적을 남길 수 있다.

 이것이 아마도 예술의 진정한 기원이 아닐까? 예술은 세상의 질서를 회복하는 방법일 뿐만 아니라 자연 그 자체에 대한 극복과 우리의 마음을 더 큰 차원으로 이끄는 방법이다. 현대인은 명상가이거나 그렇지 않을 것이라고 주장한 사람의 말은 맞았다. 관조하기 위해서는 우리의 육체성이라는 분명하고 특별한 기반에서 출발해야 한다.

죽음

죽음이 남긴 상처를
어떻게 회복할 수 있을까요?

신부님, 제 딸은 겨우 스무 살 나이에 세상을 떠났습니다. 바이러스는 어린 딸이 아니라 제 목숨을 앗아 가야 마땅했습니다. 머릿속에는 온통 딸이 이 세상에 없다는 생각뿐인데, 앞으로 어떻게 살아가야 할지 모르겠습니다. 제가 할 수 있는 게 없었다는 사실이 용서되지 않습니다. 딸은 제가 없는 먼 곳에서 홀로 죽었습니다. 그 아이가 더 어렸을 때 아프면 이마를 쓰다듬어 주곤 했는데, 그런 사람도 없이 쓸쓸히 눈을 감았습니다.

사람들이 딸아이를 구급차에 태울 때 멀리서 그녀에게 인사했습니다. 하지만 딸의 목소리도 듣지 못했습니다. 딸은 그저 저를 바라보며 간신히 손짓으로 답했습니다. 숨을 가쁘게 헐떡거리며 힘겹게 버티고 있었습니다.

신부님에게 묻고 싶습니다. 왜 이런 일이 일어난 것일까요? 어찌 이리 부당한가요? 딸을 먼저 보낸 엄마는 어떻게 살아가야 할까요? 신부님은 남은 자식들도 생각해야 한다고 말하시겠지요. 하지만 제 일부는 프란체스카와 함께 죽었습니다.

게다가 딸아이 장례식도 치르지 못했습니다. 어찌 이럴 수가 있나요? 마지막 길도 제대로 배웅할 수 없다니요. 언젠가는 이 고통 말고 다른 것을 볼 수 있길 바랍니다. 지금은 그저 죽음과 분노만 보일 뿐입니다.

그렇지만 한편으로는 신부님의 말이 옳다고 생각되기에 이 편지를 씁니다. 며칠 전에 그러셨지요. 사랑하는 사람이 절망의 원인이 되어선 안 된다고요. 저를 함정에 빠지지 않도록 이끌어 주세요. 죽음이 남긴 상처를 어떻게 회복할 수 있을까요? 프란체스카의 이름으로 싸워야 하는 이 전투에서 어떻게 맞설지, 어디서 힘을 얻어야 할지 모르겠습니다.

소중한 사람을 먼저 떠나보내면
아무것도 못 한 채 홀로 두었다는
죄책감이 들 수 있다.
하지만 우리는 죽음의 속박에서
벗어나 미래로 나아가야 한다.
그러려면 진정한 애도가 필요하다.

코로나바이러스의 대유행은 우리의 삶을 크게 변화시켰다. 이 역경의 시기에 몇몇 말들은 급기야 익숙하게 되어 버렸다. 평소에는 상상할 수도 없던 당혹스러운 말들이었는데 말이다. 그중 일부는 순전히 부정적인 느낌을 주지 않기 위해 의도적으로 선택된 말이다.

이번 대유행의 시기는 사회적 거리 두기의 시간이다. 이는 관계에 대한 그리움을 일깨웠다. 또 고립과 고독이 주는 두려움을 불러일으켰다. 우리는 이 강제된 상황에서 고독 자체에 깃든 긍정성을 받아들이고 기회로 삼아야 했다. 고독은 침묵을 동반하지만, 침묵은 어둠 속에 던져지는 것이 아니라 내면으로 향하는 문을 넘어서는 것이다. 그리고 깊은 곳에 자리 잡은 내면세계를 발견하는 것이다.

그런데 현 시기에 내면성은 물질성과 서로 맞닿아 있다. 바이러스의 막강한 힘이 죽음으로도 이끄는 범유행의 시대에 육체는 주요한 논제가 된다. 육체는 기본적으로 생명을 느끼는 곳이다. 고통뿐만 아니라 기쁨을 느끼는 장소이기도 하다. 누구나 예외 없이 육체를 통해서 존재에 일관성을 유지한다.

이제 가장 당혹스럽고 불편한 말인 '죽음'을 묵상할 차례다. 그 말을 거치지 않고서는 우리의 여정을 마칠 수 없다.

우리는 끊임없이 죽음의 압박과 고뇌를 느끼며 산

다. 우리가 깨닫지 못할지라도 죽음은 우리 인생에서 많은 것을 결정한다. 죽음의 고뇌에서 벗어날 수만 있다면 우리는 기꺼이 무엇이든 할 것이다. 어떤 면에서 종교는 인간이 지닌 죽음의 고통을 쫓아내려는 시도이기도 하다.

인간은 그 고통에서 오는 두려움 때문에 추락하지 않기 위해 종교적인 언어를 갈망한다. 그러나 이러한 종교의 측면은 신앙과 관련이 적다. 종교는 죽음의 고뇌를 길들이려는 시도이지만 신앙은 죽음의 고뇌와 정면으로 맞서는 것이다.

우리는 위안을 얻고자 종교를 찾는다. 그러나 종교에서 위안만 얻고자 한다면 안심할 수는 있겠지만 구원을 얻기는 힘들다. 단순히 두려움을 쫓는 상징적인 장치로만 종교가 기능한다면 그것은 우리 삶을 영위하는 타당한 이유를 찾는 데 아무런 도움이 되지 않을 것이다. 그렇다면 인간은 종교 없이, 상징적인 장치 없이 살 수 있을까? 우리 사회는 현재 종교적인 느낌을 주는 모든 것을 추방하거나 무시한다는 느낌을 준다. 그러나 죽음이 주는 고뇌가 각자에게 가하는 압박은 극심하다. 그래서 우리는 다른 상징적 장치들을 종교의 경지로 끌어 올렸다.

지난 세기에 우리는 일부 이데올로기가 현실에 뿌리내리기 위해 매우 강력한 상징적, 종교적 장치들을 그 안으로 끌어들이는 모습을 보았다. 정치가 종교가 되고, 철학이 종교가 되고, 과학이 종교가 되는 시기였다. 오늘날 우리는 기술이 종교가 되고, 세계화가 종교가 되는 시대에 살고 있다. 인간은 죽음이 주는 불안 속에서 안도감을 느끼기 위해 상징적 장치에 의존한다. 이제 우리는 불안을 가라앉히기 위해 종교나 상징적 장치에 만족할 수 있는지, 아니면 이 영역에서도 질적인 도약이 필요한지 생각해 봐야 한다.

본성적으로 인간은 고통을 피하고 생존을 향하겠지만, 두려움을 느끼는 한 우리는 진정으로 자유로울 수 없다. 그리고 우리에게 가장 두려움을 주는 것이 바로 죽음이다. 이 두려움을 어떻게 극복할 수 있을까?

바오로 사도는 매우 문명화된 아테네에 도착했을 때, 아레오파고스로 가서 스스로 현자나 철학자로 여기는 사람들과 이야기를 나누었다. 바오로는 그곳의 전통과 종교적 감성을 살피면서 그들이 알지도 못하고 숭배하는 대상에 관해 설명해 주었다. 그의 말을 듣던 사람들은 죽은 이의 부활에 관한 이야기가 나오자 단번에 무시했다.

"어떤 이들은 비웃고 어떤 이들은 '그 점에 관해서는 다음에 다시 듣겠소.' 하고 말하였다."(사도 17,32)

사실 그리스도교는 부활이 단순히 박식한 이성의 결

실이 될 수 없다는 점을 항상 분명히 밝혔다. 그것은 수학 공식처럼 증명될 수 없다. 그리스도인에게 부활은 사실이지 논쟁의 주제가 아니다. 사실은 반드시 논쟁보다 앞서기 때문에 사실 앞에서 모든 추론은 중지된다. 신앙을 가진다는 것은 설득력 있는 추론이 없는 삶과 죽음, 부활에 대한 사실을 경험한다는 의미다.

신앙의 선물은 온갖 수사법과 옳고 그름의 싸움을 멈추게 하는 사실의 체험이다. 믿음을 가지는 것은 이성이 아니라 사실 앞에 서는 것이다. 그러한 믿음을 모든 사람이 경험하는 것은 아니다. 신앙심은 교육을 통해 얻는 것이 아니기 때문이다. 그리스도교 교리를 공부하는 것과 신앙을 가지는 것은 다른 차원이다. 가치와 원칙에 호감을 느끼고 공감할 수 있지만, 그리스도교의 가장 중요한 핵심인 신앙은 그것과 다르다.

이 위기의 시간은 우리를 '부활의 사실'이 아닌 '죽

음의 사실'에 직면하게 했다. 과거 우리 사회는 죽음을 숨기고 감추려고 하면서, 사람들이 생의 여정을 마감할 수 있도록 특정한 장소를 만들었다. 이렇게 하여 병들어 고통받으며 마지막 순간을 견디는 사람들이 보이지 않도록 했다. 그런 사회였기에 최근 눈앞에 펼쳐진 죽음의 연대기는 우리를 극심한 두려움과 고뇌에 휩싸이게 했다.

죽음만을 생각하면 두려움에 떨며 괴로워하는 것 외엔 아무것도 할 수 없다. 그래도 생명으로 손을 뻗어야 무언가를 할 수 있다. 가치 있게 꾸려 나간 삶은 죽음에 대한 두려움과 고통을 물리치고 떨칠 수 있다. 종교와 상징적인 장치는 길들이고 잠재우는 데 도움이 되지만 신앙은 그 두려움과 고통을 해결하기 때문이다.

우리는 죽음의 현실을 직시하면서 그 고뇌와 두려움에 손을 댈 수 있어야 한다. 이것이 진정한 애도의 몸

짓이다.

 소중한 사람을 먼저 떠나보내고 아무것도 못 한 채 홀로 두었다는 죄책감으로 끊임없이 슬퍼하면 결국 죽음이 죽음을 부르는 결과를 낳는다. 죽음의 속박에서 벗어나 미래로 나아가려면 진정한 애도가 필요하다. 때때로 우리는 그 속박에서 벗어나면 사랑했던 사람을 배신한 것이라 여기며 스스로에게 족쇄를 채운다. 고통을 멈추는 것은 사랑하는 이를 잊는 것이라 여기며 그 늪에서 빠져나오려 하지 않는다.

 그러나 진정한 애도는 망각이 아니라 예언이다. 죽음의 힘이 사랑을 앗아 갈 수 있다는 생각을 버리는 것이다. 사랑은 언제나 죽음보다 강하다. 사랑의 이름으로, 우리가 사랑했던 사람이 절망의 원인이 되지 않게 해야 진정한 애도의 가능성이 열린다. 죽음과 분리와 그리움에 대한 진정한 애도는 더 나은 삶을 살겠다는 결심과도 같다.

우리가 사랑했던 사람에 대한 기억은 현재를 더 잘 살게 하는 동기이지, 삶을 포기하는 이유가 아니다. 물론 죽음으로 인한 슬픔은 사랑의 깊이를 말해 주는 관계에 따라 다르다. 게다가 자식을 먼저 보낸 부모의 고통은 순리에 어긋났다는 부당함과 삶의 의미에 대한 회의를 동반한다. 그러나 고통 속에 있음을 받아들인다면 설명할 수 없는 직관이 어둠 속에서 출구로 인도하듯 서서히 치유의 길이 열린다. 이 경우에도 상징적이고 종교적인 장치들은 진통제로 작용할 수 있지만, 진정한 도약이 있어야 다른 의미를 찾을 수 있고 위로뿐만 아니라 더 근본적인 결정을 내릴 수 있다.

그러한 도약은 살아남은 자가 고통을 헛되이 흘려버리지 않고 열매가 되는 무엇으로 변화시켜야 한다는 의무감을 느낄 때 일어난다. 고통이 결실을 보아야 사랑을 지킬 수 있다. 부재가 다른 삶을 살도록 하는 동기가 되면 죽음을 이길 수 있다. 그러나 죽음이 죽음의 욕구를 부르는 한 우리가 사랑했던 이들은 계속해서 죽음의 볼모로 잡혀 있다.

죽음을 무장 해제시켜야 한다. 사랑하는 사람의 부재로 맞닥뜨리는 죽음을 그 누구도 외면할 수 없다면 맞서 싸워야 한다. 죽음이 또 다른 죽음을 부른다면 생명을 선택해 그것에 저항할 수 있다. 우리는 코로나바이러스의 대유행 상황을 겪으면서 죽음을 이기는 것은 생명을 구하기 위해 모든 것을 다 하는 것임을 이해하게 되었다. 죽음이 수많은 생명을 앗아 간 현실에서 우리에게는 삶의 길을 넓힐 막중한 책임감이 요구된다. 개인뿐만 아니라 우리 사회 전체가 삶에 대한 확고하고 공공연한 신념으로 죽음을 무장 해제시킬 의무가 있는 것이다.

에필로그

 인생은 빛과 그림자의 연속이시만, 빛이 없을수록 빛에 대한 기억을 키워야 한다. 가끔 어두운 길로만 빠져들고 너무 지친 나머지 눈앞의 지평선을 놓칠 때가 있다. 등반하는 과정이 너무 힘겨워 우리를 도와줄 단서를 발견하지 못할 때 주로 그런다.
 어둠 속에 있을 때 가장 그릇된 일은 어둠에 굴복하고 어둠이 마지막 말을 하게 놔두는 것이다. 상황이 복잡할 때일수록 반발하려고 고집을 부려야 한다. 승리의 확신이 있을 때가 아니라 오히려 희망의 빛이 가물거리며 곧 꺼져 갈 때 싸워야 한다. 어둠 속에서 싸우는 것이야말로 삶을 포기하지 않고 끝까지 책임지는 자세다.

성경에는 밤에 대한 이야기가 많이 나온다. 그중에서도 모두에게 교훈이 되는 이야기가 있다. 주인공은 형 에사우에게서 맏아들 권리를 아주 교활하게 훔친 야곱이라는 남자다. 오랜 타향살이 끝에 가족을 거느리고 고향으로 돌아가던 야곱은 형이 장정 400명을 거느리고 온다는 소식을 들었다. 그는 형이 자신과 가족을 해치지 않을까 걱정이 되어 하느님께 구해 달라고 기도를 드렸다. 그날 밤 야곱은 야뽁강에 홀로 있었고, 하느님은 어떤 남자의 모습으로 나타나 야곱과 씨름을 하였다.

밤새 야곱과 그 남자의 씨름이 이어졌지만 승부가 나지 않았다. 그러다 새벽이 되었을 무렵 그 신비로운 남자는 야곱의 엉덩이뼈를 쳐서 다치게 했다. 그날 이후로 야곱은 제대로 걸을 수 없는 절름발이가 되었다. 야곱은 상처를 입고 땅에 쓰러졌음에도 대결을 멈추지 않았다. 남자가 동이 터 오니 놓아 달라고 하자 야곱은 "저에게 축복해 주시지 않으면 놓아 드리지 않겠습니다."(창세 32,27) 하고 대답하였다.

이 이야기는 삶과 대립되는 것들이 우리를 어둠 속으로 내던지고, 우리 존재를 마음대로 부리게 내버려 둘 수 없다는 교훈을 남긴다. 우리는 일상생활과 정상적인 상태를 유지하지 못하도록 방해하는 힘에 굴복해서는 안 된다. 야곱이 끝까지 놓지 않았듯이, 염원을 이루지 않고서 대결을 끝낼 수 없다. 우리의 삶에 깊이 새겨진 어둠과 악과 투쟁하고 험난한 상황 속에서 축복받고 선을 발견해야 한다.

"저에게 축복해 주시지 않으면 놓아 드리지 않겠습

니다."

나는 이것이 모두가 찾아야 할 '깊은 곳의 빛'이라고 생각한다. 진정한 자신으로 거듭나기 위해 우리는 시련의 경험에서 축복을 찾아야 한다. 우리를 불안케 하고 의문을 품게 하는 것에 숨겨진 선함을 찾아야 한다. 우리가 저주와 대립, 패배를 경험했던 것에서 축복을 받아야 한다.

어려운 시기가 지나면 흔적이 남기 마련이다. 그러나 힘든 시기와 그 흔적은 어둠을 거치면서 끌어낸 축복과 선함의 표식이 된다. 많은 경우 우리는 전투에서 승리할 무기가 없지만, 힘없이 쓰러져 더는 일어설 힘이 없다고 느낄 때도 계속 싸울 수 있다. 우리 안에는 기르고 드러내고 사용하고 알아야 할 힘이 숨겨져 있다. 그러므로 '깊은 곳의 빛'은 더욱 밝게 빛난다.

> 역자 후기

암흑인 듯 광명인 듯
어둠도 당신께는 어둡지 않고
밤도 낮처럼 빛납니다.

— 시편 139,12

이 책은 2020년 봄, 전염병의 어둠이 갑작스레 덮치고 이탈리아에서는 전국적인 봉쇄 조치가 내려진 상황에서 구상되고 쓰였다. 긴 어둠의 터널 끝으로 빛줄기가 보이지 않는 듯한 막막한 현실에서, 많은 사람들은 고통스러운 사건과 힘겨운 일상을 겪으며 절망감과 무력감에 빠졌다. 마음과 행동을 다스리고 삶의 지침이 되는 글이 그 어느 때보다도 절실한 시기였다.

저자 루이지 마리아 에피코코 신부는 다수의 철학서와 신학 서적을 집필한 작가로, 라디오와 텔레비전, 인터넷 등 다양한 매체를 통해 적극적으로 대중과 소통하며 영적인 삶을 전하는 젊은 사제다. 요컨대 《깊은 곳의 빛》은 각계각층의 사람들과 소통하면서 인생의 힘겨운 여정을 고백하는 사람들의 말에 귀를 기울이고 공감한 한 사제의 깊은 사색과 성찰을 통해 나오게 되었다.

우리는 인생의 크고 작은 일을 겪으면서 근원적인 실존의 문제를 고민하고 자신의 존재성과 위치를 재확인하게 된다. 그런 일은 살면서 여러 차례 반복되고 매번 다른 현상과 의미로 다가오지만 진정한 도약을 위해 필요한 과정이다. 이 책에서 다루는 다섯 주제(관계, 고독, 침묵, 육체, 죽음)는 인간 실존의 근간을 이루면서 개인의 삶에서 끊임없이 제기되는 중요한 물음이다. 이를테면 우리가 인생의 길에서 더 성숙하고 주도적이고 책임 있는 주체가 되기 위해 고민하고 극복해야 하는 문제들이다. 이 책에서는 실제 이야기에서 취한 주제들을 성경의 일화를 인용하면서 깊이 있게 고찰하고 있다.

먼저, 관계는 나머지 네 주제를 관통하는 핵심어다. 우리는 인류 공동의 운명을 겪으면서 '혼자서는 아무도 자신을 구할 수 없다'는 소중한 교훈을 얻었다. 이는 관계가 인간의 삶을 지탱하는 중요한 요소라는 사실을 일깨우며, 연대를 통한 인류애의 실천을 강조한다.

고독은 관계의 단절이나 소외의 외로움이 아니라 존재의 신비를 체험하는 적절한 거리가 될 수 있다. 긍정적인 고독은 인생의 상황을 기꺼이 받아들임으로써 삶의 주도권을 쥐게 한다.

그와 마찬가지로 침묵은 말의 부재가 아니라 휴식이 되고 내면으로 향하는 용기 있는 묵상이 된다. 그 안에서 진정한 자유의 자세인 온유를 배울 수 있다.

육체는 인간관계의 중심이자 성령이 깃든 물질적 장소다. 그리고 강생의 신비와 구원 사업의 완성을 증언하고 하느님과 피조물의 근본적인 관계를 가리키는 표식이 된다. 한편 저자는 죽음의 주제에서 신앙은 죽음의 고뇌에 정면으로 맞서는 유일한 힘이라고 확신한다. 그리고 사랑은 죽음보다 강하다는 진리를 상기시키고 그리스도인에게 죽음은 곧 부활이라는 믿음을 피력한다.

이 책은 자신의 인생에서 빛을 찾는 깊은 묵상의 장, 생각의 시간으로 초대하고 있다. 우리의 주변을 찬찬히 살펴보게 하고 위기를 새로운 눈으로 보게 하고 곳곳에 숨겨진 중요한 의미를 발견하는 지혜를 전한다. 우리는 그 지혜의 힘으로 현실의 파도에 휩쓸리지 않고 바람직한 방향으로 삶을 이끌 수 있을 것이다.

2021년 6월

김희정

> 기도문

평화의 기도

주여, 나를 당신 평화의 도구로 써 주소서.
미움이 있는 곳에 사랑을,
다툼이 있는 곳에 용서를,
분열이 있는 곳에 일치를,
오류가 있는 곳에 진리를,
의혹이 있는 곳에 믿음을,
절망이 있는 곳에 희망을,
어둠이 있는 곳에 광명을,
슬픔이 있는 곳에 기쁨을 심게 하소서.

주여, 위로를 구하기보다는 위로하고,
이해를 구하기보다는 이해하며,
사랑을 구하기보다는 사랑하게 해 주소서.

자기를 줌으로써 받고,
자기를 잊음으로써 찾으며,
용서함으로써 용서받고,
죽음으로써 영생으로 부활하리니.

아멘.

아시시의 프란치스코 성인

지은이 **루이지 마리아 에피코코**

1980년에 이탈리아 메시네에서 태어나 2005년에 라퀼라 대교구에서 서품을 받아 사제가 되었다. 성직자이자 철학자이며 교황청립 라테라노 대학교에서 2014년부터 철학을 가르쳤다. 강의와 피정을 통해 평신도와 수도자, 성직자 양성에 헌신하고 있다. 과학·철학·신학 등 다양한 분야에 대한 칼럼을 쓰고 있으며 《누군가가 불을 밝혀 주기를 ― 교황 회칙 〈신앙의 빛〉에 관한 대화*Qualcuno accenda la luce - Conversazioni sull'Enciclica Lumen Fidei di papa Francesco*》, 《자비의 얼굴 ― 프란치스코 교황의 자비의 희년을 맞아*La misericordia ha un volto - Il Giubileo straordinario della Misericordia secondo papa Francesco*》 등 수많은 책을 저술하였다.

옮긴이 **김희정**

1973년 경북 상주에서 태어났다. 대구가톨릭대학교 이탈리아어과와 동 대학원을 졸업했다. 움베르토 에코의 《가재걸음》, 《적을 만들다》, 디노 부차티의 《60개의 이야기》, 조르조 바사니의 《금테 안경》을 비롯해, 《악령에 사로잡히다》, 《전염의 시대를 생각한다》, 《나는 침묵하지 않는다》, 《돈의 발명》 등 인문·문학·예술·종교 분야의 다양한 책을 우리말로 옮겼다.